SAMURAI《サムライ》 JAPAN《ジャパン》の名付け親が明かす、もうひとつの〝夢舞台〟

「野球」が「ベースボール」になった日

平方　彰

はじめに

２０１４年（平成26）、日本のプロ野球は発足80周年を迎え、12球団の選手はキャップに「80周年シンボルマーク」のワッペンを付けてプレーしている。さらに、その2年後には、歴史的な〝日米の野球試合〟から、ちょうど１２０年を数える。

１８９６年（明治29）5月23日、横浜公園内の運動場で第一高等学校と横浜外国人居留地のヨコハマ倶楽部、アマチュア倶楽部の混成チームとの試合が行われ、29－4で第一高等学校が快勝。この対戦は、記録に残された最初の国際試合ともいわれ、まさに、歴史的な一戦であった。これをきっかけに、野球人気は全国的に高まっていく。

アメリカのプロベースボールチームが初めて来日したのは１９０８年（明治41）。コースト・リーグ（３Ａ）所属選手を中心とした「リーチ・オール・アメリカン」は、米国のリーチ運動具店が野球用具の販売拡大のために組織したチームだったが、日本チームは手も足も出ず17戦全敗。11月22日の対早大戦では大隈重信《おおくましげのぶ》が、わが国最初の始球式を行っている。1922年(大正11)、大リーガーが選抜チームとして初来日。全17戦が行われ日本はまったく歯が立たなかったのだが、三田倶楽部の小野三千磨《おのみちまろ》投手が好投。7戦目にして、大リーグ選抜チームから記念すべき初勝利を挙げる。

戦前最後となる日米野球は、読売新聞社の主催で1934年（昭和9）に行われ、社会人を対象に結成された全日本チームが大リーグ選抜に挑んだが惨敗。しかし、17歳の沢村栄治《さわむらえいじ》の快投。静岡・草薙《くさなぎ》球場で行われた試合で、ベーブ・ルース、ルー・ゲーリッグら、錚々《そうそう》たるスラッガーが居並ぶ大リーグ選抜を相手に9奪三振の1失点完投。このときの全日本チームが母体となり、日本で初のプロ野球チーム「大日本東京野球倶楽部」が誕生する。後の東京読売ジャイアンツである。

戦後はおもに単独チームでの来日となり、日本が善戦することもあったが、実力差は歴然、メジャーリーグはまだまだ遠い存在だった。

1986年（昭和61）からは2年ごとにMLBの選抜チームがやって来るようになる。しかしながら、パワーとスピードには依然、度肝を抜かされっぱなしで、NPB

（日本野球機構）の公式記録に基づくと、これまで来日したアメリカチームとの対戦成績（１９０８〜２００６）は、４７７試合で84勝３６７敗26分となる。

日米野球の歴史をひもとくと、わが国のプロ野球は大リーガーの実力をまざまざと見せつけられながらも〝メジャー流〟を吸収し、そこに独自のアレンジを加えて発展してきたと思われる。それは、野球ビジネスでも同様といえるだろう。さまざまなメジャー流が海を渡ってきたが、それを日本ならではの方法で改良、拡大させてきた。

そして、日米野球で確立されたビジネススタイルは、やがて、日本でのＭＬＢ開幕戦、ＷＢＣ（ワールド・ベースボール・クラシック）へと受け継がれていくのである。

広告会社の一員・一《いち》担当として野球ビジネスを通じて、野球およびベースボールを語ってみようという新しい試みが本書である。

いまから語るいろいろなことを、私ひとりが温めているということではなく、ひとりでも多くの方と共有し、これらの歴史的な背景、経過を知ることで、これからのビジネスの参考にしてもらえたらとも思っている。

また、読者の皆様にはこれを機に、ひと味違ったプロ野球、メジャーリーグ観戦法が提供できれば、筆者としては望外の喜びである。

CONTENTS

はじめに　3

第1章　日米野球編：すべてはNOMOから始まった！

1996年日米野球①「大リーグ放送権は赤字だからやめろ！」があっという間に〝ドル箱〟化　16
1996年日米野球②空前の〝NOMO凱旋フィーバー〟に「ご招待チケット」を急きょ回収！　18
1996年日米野球③日米野球は読売と毎日が交互に開催　1996年大会が毎日新聞主催になった理由　22
1996年日米野球④いまでは当たり前の〝選手広告〟が初登場　ユニフォーム広告は日米野球から生まれた　24
1996年日米野球⑤「インターネットって何だ？」の時代に日米野球をインターネットで中継　28
1998年日米野球①冠協賛社メリルリンチの窓口で「日米野球のチケットください」　30

1998年日米野球② 話題のCM「ソウサ、ヨミウリ」で一躍人気者に！ 日本での稼ぎもホームランキング級（？） 34
1998年日米野球③ 賞金制導入でメジャーの〝マジ度〟倍増
「カワジリを出せ、勝ち逃げは許さないぜ！」 36
1998年日米野球④ ヘルメットvsユニフォームの袖 どちらが〝より高い広告スペース〟なのか？ 40
2000年日米野球① 〝大魔神〟佐々木、凱旋 出場選手の約3分の1がメジャーへ進出！ 42
2000年日米野球② 日本初のMLB開幕戦と同年開催で冠スポンサー獲得は大苦戦…… 46
2002年日米野球① 「開催まで約2ヵ月」から営業スタート
迫り来るタイムリミットを電通の総力戦で乗り切る 48
2002年日米野球② メジャー選抜チームとしては久々の来日となった〝栄光のピンストライプ〟 52
2002年日米野球③ 松井秀喜、日本で最後の日米野球 バリー・ボンズとのホームランダービー秘話 54
2004年日米野球① 誰もが知る超大物に加えて若き日のスーパースターたちが大挙来日！ 58

2004年日米野球② 日米野球は企業アピール、宣伝だけの場所じゃない
社内のモチベーションUPにも有効活用 62
2004年日米野球③ 進むスポンサーカテゴリーの細分化で「1業種1社」の〝常識〟に革命が起こった！ 66
2004年日米野球④ レッドソックス2枚看板 オルティス、ラミレスの招聘に成功！ 70
2006年日米野球① 過去最高額の賞金と初の延長戦 ガチ勝負でメジャーが5戦全勝をもぎ取る！ 72
2006年日米野球② 〝真剣勝負〟のWBC、〝親善試合〟の日米野球……
果たして「日米野球の使命は終わった」のか？ 76

第2章 MLB日本開幕戦編：メジャーのガチンコ勝負を直輸入

2000年MLB日本開幕戦① MLBによる世界戦略のゴングが鳴った！
日米野球の約2・5倍のビッグマネーが動く 82

2000年MLB日本開幕戦② ゲームの迫力もスポンサードも〝アメリカン〟〝オキテ破り〟のダブル冠協賛 86
2000年MLB日本開幕戦③ MLBによるグッズライセンスのルールは意外(?)なことに「平等&公平」 90
MLB日本開幕戦 番外編 ホワイトハウスの〝鶴のひと声〟で幻と化したイチローの凱旋 92
2004年MLB日本開幕戦① 2003年開幕戦中止のリベンジは「松井のいるヤンキース」招聘でキマリ! 96
2004年MLB日本開幕戦② 冠スポンサーの広告の前でホームラン! やっぱり、松井秀喜は〝持ってる男〟 100
2004年MLB日本開幕戦③ 松井秀喜を中心に〝世界〟は回る! ファンもスポンサーも大興奮の「ゴジラ狂詩曲」 104
2004年MLB日本開幕戦④ パ・リーグ開幕と同日開催のMLB日本開幕戦「観客を奪い合う……」の心配はご無用 108

2008年MLB日本開幕戦①　ヤンキースの次は、前年のワールドシリーズ覇者レッドソックスでキマリ！　112
2008年MLB日本開幕戦②　松坂登板ゲームの視聴率は12・8％これは〝いい数字〟なのか、それとも……　116
2012年MLB日本開幕戦①　目玉はイチローを含む和製メジャー3人と『マネーボール』ビリー・ビーン　120
2012年MLB日本開幕戦②　マー君、ダルビッシュ、それとも……2016年MLB日本開幕戦に凱旋するのは誰だ？　124

第3章　WBC編：夢とビッグビジネスを生み出したSAMURAI JAPAN

2006年WBC①　第1回大会開催前の認知度は「WBC？ ボクシング？？」だった　128

2006年WBC② WBCサイドの〝後出しジャンケン〟攻撃に四苦八苦 「だったら、先にいってくれよ」 132
2006年WBC③ アサヒビールのユニフォーム広告が「Asahi SOFT DRINKS」になったワケ 136
2006年WBC④ MLBの本音は「アメリカが決勝まで行かなければ困る」だった(?) 140
2006年WBC⑤ 日本が勝てば勝つほど広告枠争奪戦は激化 なんと、大会終了後にもスポンサーがつく 144
2009年WBC① 紛糾する監督選びの中「野村監督&オール和製メジャー」説もあった? 148
2009年WBC② ダブルエリミネーション方式に右往左往させられたテレビの視聴率 152
2009年WBC③ 街を「WBC一色に染まる媒体」にすることが2009年大会の課題のひとつ 156
2009年WBC④ 「SAMURAI JAPAN」のネーミングが生まれた本当のワケ 160
2013年WBC① 毎回問題になる「日本の権利」とは一体何か? 「MLBが強欲」は、真実か? 164

２０１３年ＷＢＣ②　世界中で予選ラウンドがスタート　ますますワールドワイド化するＷＢＣ　168
２０１３年ＷＢＣ③　ＳＵＭＵＲＡＩ　ＪＡＰＡＮのリベンジロードは、すでに始まっている！　172

第４章　広告会社の仕事編：スポーツコンテンツに新しい価値観を創り出す

広告会社とスポーツイベントの関係①　「ナショナリズム」＋「スーパースター」がスポーツコンテンツをヒットさせる条件　178
広告会社とスポーツイベントの関係②　「超スーパースター」と「スーパースター」「スター選手」「有名アスリート」の定義と違い　182
広告会社とスポーツイベントの関係③　「伝える人」次第でスポーツコンテンツの価値は上下する　184
広告会社とスポーツイベントの関係④　どんな収入があって、どこで儲けるのか？スポーツイベントの「収入の３本柱」　186

ANOTHER STORY
始球式で140キロオーバーの剛速球？　金メダリスト室伏広治は、やっぱり凄かった！　80
トム・クルーズが日本シリーズの始球式に登場！　世界の超セレブに選手たちも憧れのまなざし　126
MLB関係者が明かした「次にメジャーで活躍しそうな日本人選手」の名前　176
ライバル韓国にコールドゲームで快勝　日本中が歓喜の中、電通が〝ひとり負け〟のワケ　190

アーカイブス〈メンバー&試合結果〉
日米野球（1996・1998・2000・2002・2004・2006）　192
MLB日本開幕戦（2000・2004・2008・2012）　204
WBC（2006・2009・2013）　212

おわりに　「野球」が、真の「ベースボール」になる日　218

＊本文中に登場する人物名、団体の名称等は、原則的にはその当時のもので表記しています
＊掲載内容は2014年5月現在です

第1章

日米野球編：すべてはNOMOから始まった！

「大リーグ放送権は赤字だからやめろ!」があっという間に〝ドル箱〟化

球史に残る、1896年(明治29)の「日米の野球試合」から、ちょうど100年。1996年(平成8)の日米野球に一大センセーションが巻き起こる。〝トルネード投法〟で全米を席巻した野茂英雄《のもひでお》が、MLB(メジャーリーグ・ベースボール)メンバーの一員として〝凱旋《がいせん》〟。日本の野球ファンにとって夢物語だと思っていたことが、ついに実現したのである。95年(平成7)に海を渡った野茂は、1年目からロサンゼルス・ドジャースの主戦投手として大活躍。日本のファンにとっては、MLBが身近に感じられるようになった元年ともいえる年となった。われわれ電通にとっても、翌96年の日米野球はエポックメーキング的なイベントになった。詳しくは後に述べるが、現在では当たり前になっていることも、この大会をきっかけに導入されたというケースが少なくないからだ。

じつは、電通は80年代初頭からメジャーリーグの放送権を購入し続けてきた。しかし、まったく売れなかった。テレビ局はワールドシリーズ優勝のときの映像を流す程度。MLBから放送権を買い付けたのは、私の直属の上司、当時のスポーツ事業部長、高橋治之《たかはしはるゆき》氏だった。いまでは考えられないほど安く仕入れてはいたが、ニーズがなかったために赤字続き。社内の重要な会議や当時の局長からは「儲からないなら早く手放せ」といわれ続けていたが、「いつか化けますから」と突っぱねていた。高橋氏には「いつの日か、日本人のプレーヤーがメジャーで活躍する時代が来る」という強い信念があったに違いない。周囲から〝お荷物物件〟と揶揄《やゆ》されようとも、〝どこ吹く風〟。いまにしてみれば、先見の明があったということになる。

本格的にビジネスとして成り立つようになったのは、野茂が史上ふたり目の日本人メジャーリーガーとなった95年から。MLBとは6年ごとの契約で、最終年が97年（平成9）だったため、95年からの3年間、MLBの放送権はまさに〝ドル箱〟物件と化した。それでもテレビ局からニーズがあるのは野茂の登板試合だけ。後にイチローや松井秀喜《まついひでき》が活躍した時代に比べれば、売上げ的にはそう高くはなかった。しかし、数年前までの〝赤字〟を考えれば、想像をはるかに超えたビジネスになったといえよう。

空前の〝NOMO凱旋フィーバー〟に「ご招待チケット」を急きょ回収！

日米で沸き起こった〝NOMOフィーバー〟を受けた1996年（平成8）の日米野球は、ファンのみならず、われわれ広告会社、協賛スポンサーをはじめ、メディア関係者などにとっても、じつは、いままでに類を見ない画期的なイベントになった。

全8戦のうち、注目の野茂英雄は東京ドームでの第2戦と、甲子園球場で行われた第6戦で先発登板。私もすべての試合に居合わせたが、あのときの衝撃はいまでも忘れることができない。第2戦の先攻は全日本。1回表のマウンドに、ドジャースのユニフォームをまとった背番号16の〝NOMO〟が颯爽《さっそう》と上がる。キャッチャーは同じドジャースで〝女房役〟を務めるマイク・ピアザ。スタンドはすでに異様な雰囲気に包まれていた。投球練習で野茂が軽く体を捻《ひね》らせて一球投げ込むたびに、大歓声が沸き上がるのである。そんな光景は後にも先にも見たことがない。

いよいよ、プレーボール。打席にはパシフィックリーグ3年連続首位打者&MVP、オリックス・ブルーウェーブのイチローが立った。野茂が振りかぶって上体を反転させ、トルネード投法で投げ込んだ瞬間、ドーム全体に鮮烈な閃光が駆け抜けた。客席から一斉にカメラのフラッシュが焚かれたのだった。私の視界はしばらく白いモヤがかかったままだったのを憶えている。まだデジタルカメラが普及していなかった頃。フィルム式カメラが主流だったから、シャッターを切ったときのタイムラグが少なく、まるで「せーの」と申し合わせたようにフラッシュが同時に焚かれた。後にイチローや松井秀喜が東京ドームに凱旋したときも凄かったが、あの瞬間ほどではなかった。

野茂登板の日は、まさに日本全土が興奮の坩堝《るつぼ》と化した。この試合の平均視聴率は関東地区で29・1%という驚異的な数字を残し、甲子園での第6戦は平日のデーゲームにもかかわらず、立ち見が出るほどの超満員となった。

じつはそれまでの日米野球のチケットは、さほど売れていたわけではない。この年も当初は売れ行きがイマイチ。スタンドを空けるわけにはいかないので、主催の毎日新聞社と相談して「動員券」、いわゆるご招待チケットを配っていた。もらった側も「ヒマだったら行くよ」といった感じで足を運んでもらうはずだった。

ところが、野茂の出場が決まったとたんに、一生懸命配布した動員券は一瞬にして〝ムダ〟になってしまった。当初、協賛社セールスが難航していたのが一転、「野茂が出るなら協賛したい」という企業が現れてきたからである。大会に協賛すると、招待券はおのずと付いてくるのが業界の術《すべ》だ。

当時の私はスポーツ事業局の一担当で、末端の作業をしていた。企画書作りに始まり、看板原稿の入稿、球場との交渉、招待券の管理・配布などを行い、どの企業にどの席の動員券を何枚割り振ったのかなどを細かく管理していた。丸1日半会議室にこもり、徹夜の作業で配布表作りとチケットの種分けを行っていた。なぜかといえば、これには「交際費」課税の問題があるからだ。動員券とは、あくまで会場に動員させるために使用する券だ。スポンサーサービスの交際費目的の券とは異なる。仮に国税の調査があった場合、きちんと説明できるように管理しておく必要があったのだ。動員券は1試合あたり約2000枚。それが全8戦分である。

野茂が先発する第2戦の販売用チケットが特に不足しているというので、すでに配布済みの動員券を戻してくれということになった。

およそ2000枚のうち、手元に残っていたのはだいたい200枚ぐらい。それではオーダーされた枚数には全然足りない。私たち担当スタッフは恥を承知で、すでにチケットを渡していた社内や、「見に行くよ」といっていただいた皆さんに一軒一軒、「申し訳ありません。返していただけますか」と詫びを入れて戻してもらうようお願いした。

何とかかき集めて、最終的に手元にはチケットが約500枚。これをスポンサーに「小口協賛」という名目で買っていただくかたちにして、何とか事なきを得た。

ちなみに、このときのMLB選抜は、また一段と凄かった。野茂、ピアザのほかにも、セーブ王ジョン・フランコ（メッツ）、メジャーを代表する右腕ペドロ・マルティネス（エクスポズ）、最速162キロのトロイ・パーシバル（エンゼルス）、強肩強打の捕手イバン・ロドリゲス（レンジャース）、21歳でこの年の首位打者に輝いたアレックス・ロドリゲス（マリナーズ）、〝鉄人〟カル・リプケン（オリオールズ）、本塁打王&打点王アンドレス・ガラーガ（ロッキーズ）、後に千葉ロッテマリーンズでも活躍したフリオ・フランコ（インディアンス）、そしてバリー・ボンズ（ジャイアンツ）の面々だ。

全日本は2勝4敗2分とまずまずの健闘。22歳の松井秀喜（巨人）が満塁弾を含む2本のホームランを放ち、日米野球では珍しく敬遠で出塁している。それほどメジャーリーガーたちを本気にさせたのである。

日米野球は読売と毎日が交互に開催　1996年大会が毎日新聞主催になった理由

日米野球は1984年（昭和59）以降、2年に一度の開催が定着し、読売新聞社と毎日新聞社が交互に主催、MLBともそうした協約を結んでいる。直近の88年は読売、90年が毎日、92年には読売と来ていたが、94年はMLB選手会がストライキを決行し、シーズンが中断したため、本来なら毎日が主催するはずだった日米野球も中止となった。

96年（平成8）は順番でいくと読売が主催だろうという話も出ていた。野茂英雄が〝凱旋〟するかもしれないという状況だったので、読売内部には興行権は絶対に手放せないという意見も根強くあったであろうと察する。しかし、そこは〝大人の話し合い〟により、順番がスキップしたかたちで96年は毎日新聞の主催に決定した。

主催者の毎日新聞は当然、MLB選抜チームに野茂を入れるよう、MLB側にリクエストした。われわれ電通は野茂の招聘に何かできる立場ではないが、絶対に呼んでほしいという申し入れを毎日新聞に行っていた。野茂の出場によりマーケティングでの価値が上がるのは当然である。コンテンツ力が上がるからこそ、ビジネスチャンスが広がる。広告会社としては、そこは主催者に主張しておきたい点だ。交渉はやや難航したようだが、野茂の凱旋は何とか実現し、関係者はホッと胸をなでおろした。

主催者が読売の場合は日本テレビ系列、毎日のときはTBS系列で放送というのが、業界の長年の慣習であった。しかし、96年の日米野球では業界の常識を覆すことが起きた。主催が毎日新聞社にもかかわらず、2試合を日本テレビが中継することになったのだ。日米野球の放送権セールスを行っていた電通が、その権利を日本テレビに売ったというかたちだが、これはかなりセンセーショナルな出来事だった。別にキナ臭い話でも何でもなく、単純に日本テレビが高く買ってくれたというだけの話。そもそも、放送権の売買は野茂の参加が決定する前に行われた。その時点で他局が相当額を出せるかといえば、そういうものでもない。日本テレビには、プロ野球中継を長年先導してきたという業界トップとしての自負や気概があってのことだろう。主催の毎日新聞社も、もちろん歓迎ムード。みんなで盛り上げましょう、という雰囲気だった。

いまでは当たり前の〝選手広告〟が初登場 ユニフォーム広告は日米野球から生まれた

いまでは当たり前のものとなっている、野球におけるユニフォームの袖やヘルメットを媒体とした広告。これらが解禁になったのも、じつは1996年（平成8）の日米野球が最初だ。広告業界にとってはとても大きなトピックスとなった。

このときの冠協賛は、コンピュータの製造、ソフトウエア開発などを手がける日本サン・マイクロシステムズ。いまでいうIT系企業だ。球場内の看板広告の露出場所は決まっていたものの、冠スポンサーでありながら企業名がいまひとつ世間に知られていない、という声がクライアント側から上がっていた。

確かに「'96サンスーパーメジャーシリーズ」と銘打ってはいるものの、「SUN」とは「日曜」なのか「太陽」なのか、世間的にはピンとこない。ならば「ダメもとで、MLB選手にユニフォーム&ヘルメット広告を出してもらおう」という話になり、当時、MLBの日本側窓口だったジャック坂崎《さかざき》氏が代表を務めるJSM（J坂崎マーケティング）に、MLBへの交渉をお願いした。

こちらの要求は意外にもあっさり通った。日米野球限定ならば、ヘルメットもユニフォーム袖も広告はOKだと。

〝選手広告〟はサッカー界では古くから認められていたが、MLBはもちろん、日本球界でも前例のない画期的なチャレンジだった。新たな広告媒体が生まれたという点で、センセーショナルな出来事であった。ただし、MLBとの交渉の見返りとして、JSMにも袖広告のマーケティング権を分配することになり、その結果、外資系保険会社「AIU」が入ったのである。

当時のNPB（日本野球機構）にも同様の交渉をしに行くものの、ヘルメットはOKだが、袖広告の許可は下りなかった。「ユニフォームはゲーム中、常に身にまとっているものであり、そこに企業名が入るのはいかがなものか。ヘルメットは常時、身に着けるわけではないので、いいだろう」というのがNPBの見解であった。

全日本の選手に袖広告が認められなかったのは残念であったが、〝選手広告OK〟という事実は広告会社の人間としては、金脈を掘り当てたような感覚であった。ただし、当時は値付けがよくわからなかった。前例や比較対象がないために、ヘルメットと袖ではどちらが広告価値が高いのか。あるいはヘルメットに広告を入れるには右側と左側ではどちらがいいのかといったことまで、まったく見当もつかなかった。

センター方向のカメラから見た場合、右バッターだとヘルメットの左側、左バッターだと右側が映ることになる。また、ダッグアウト横のカメラマン席からのアップ映像だと、バッターの顔はピッチャーに向くので、右バッターだと右側がカメラの前に来る。また、ヘルメットにチームロゴのシールを貼っている球団もある。

当時、西武ライオンズのヘルメットには「SEIBU」のチームロゴが入っていたと記憶している。特に清原和博《きよはらかずひろ》がFA（フリーエージェント）で、この翌年読売ジャイアンツへと移籍することになったときの、当時の『週刊ベースボール』の表紙に書かれた〝どこへ行く？ 清原和博 決断の秋〟のコピーと、左部分に「SUN」のロゴが入ったままのヘルメットをかぶった背番号3が写った写真は、いまでも鮮明に憶えている。結局、ヘルメット広告の位置については統一することができず、とりあえず空きスペースを使っていこうというところから始まった。

実際にやってみてわかったことだが、バッターが構えると顔は必然的にピッチャーの方向を向くわけで、そうなると顔はセンター方向のカメラの真正面を向くことになり、ヘルメットの広告は映らない。最終的にはカメラマン席から見て右バッターなら右、左バッターなら左のほうがテレビに露出する機会が多いという結論に至った。

いまにして思えば、MLBはよく許可を出したと思う。おそらく「SUN」の文字を切り抜き文字にしたことが、功を奏したのだろう。ロゴデザインもシンプルで、メジャーリーガーからの評判もよかった。これが漢字やひらがな、カタカナであったら、もしかしたら〝却下〟だったかもしれない。オフシーズンというのも大きかったであろう。MLBからOKが出なければ、NPBも〝解禁〟とはいかなかったに違いない。

サン・マイクロシステムズにとっては、さらに〝おいしい話〟が待っていた。日米野球が終わると選手とともに、各チームの用具係もオフになる。春のキャンプが始まると、ある球団のヘルメットの「SUN」がまだ剥《は》がされていなかった。それがスポーツニュースの映像に映り込んでいたのを見て、思わず笑ってしまった。それほど派手なデザインではなかったので、選手も違和感がなかったのかもしれない。

とにかく、こうして〝選手広告〟の扉は開かれていったのである。

「インターネットって何だ?」の時代に日米野球をインターネットで中継

1996年(平成8)の日米野球では、冠スポンサーのサン・マイクロシステムズならではの〝快挙〟がもたらされた。MLB対全日本の試合がインターネットで放送されたのだ。米マイクロソフト社がインターネットエクスプローラーを公開したのが、前年のこと。ユーザー数はいまに比べたらまだほんのひと握りであり、話題になるのもかなりマニアックな人たちの間でのことだった。そもそも「インターネット」という言葉自体がまだ、世間には浸透していなかった。あのWindows95が出て1年たつか、たたないかぐらいの話だ。

画像の精度はいまとは比べものにならないし、映像はアナログでテレビの画面を動かしていたような感じだった。画面も小さくて見づらいことこの上ない。それでもアキバ界隈では、「サン・マイクロが新しいことを始めたぞ」「インターネットで野球中継が見られるようになったんだ」といった驚嘆や称賛をもって迎えられた。

野茂の〝凱旋帰国〟で大いに注目を浴びていた日米野球をインターネットで見ることができる。それを冠スポンサーであるサン・マイクロシステムズがサポートする。実際にどれだけの人が視聴したのかはわからないが、業界内でのインパクトは絶大で、日米野球で最先端のことをやっている、と強く印象づけたことは確かだ。

また当時、サン・マイクロシステムズの営業担当と、新規領域ビジネスを真っ先に開拓していったプランナーの熱意がなかったら、このインターネット放送は成功していなかったと思う。

一方、テレビ局側はいまほどインターネットに脅威を感じていなかった。衛星放送もすでに行われてはいたが、「地上波こそ一番」という認識であったし、実際、そうであった。試合を中継するTBSや日本テレビからもサン・マイクロシステムズに対し、何か制約をかけるわけでもない。

現在のようにインターネット権、地上波権といった権利問題も発生しなかった時代だった。

いまから思えば稚拙な出来映えだったかもしれないが、この時代にすでに野球をコンテンツとしたインターネット放送が行われたことに、改めて驚きを禁じ得ない。

冠協賛社メリルリンチの窓口で「日米野球のチケットください」

1998年（平成10）の日米野球は読売新聞社が主催。巨人のホームゲーム同様、読売が主催の場合、放送は日本テレビ系列の独占となり、スポンサー集めも読売グループ内で完結していた。毎日新聞社主催のときは、放送権、マーケティング権に関して、電通がお手伝いさせていただくケースが多々あり、そんな中で前回の96年（平成8）日米野球は、サン・マイクロシステムズを冠に持ってくるなどして大成功のうちに終わった。そのノウハウを読売へ売り込んでいこうということになったのである。

電通内では、なかなかビジネスベースに乗らなかった野球ビジネスを拡大・強化していくには、読売と手を組むしかない。そんな思いがあり、さっそく96年の年末から動き出した。窓口になっていただいたのは、当時、スポーツ事業部長だった石黒堯氏《いしぐろぎょう》。

私がまず目をつけたのはバックネット看板だったが、東京ドームの試合はすでに某化粧品メーカーの〝独占状態〟。「地方での主催ゲームなら空いている」ということだったので、97年（平成9）5月の福岡ドーム3連戦のバックネット看板のセールスを担当させていただいたのを皮切りに、読売新聞事業局にはいろいろ提案させていただいた。98年、オープン戦のバックネット看板を何試合かセットにしてセールスするといった、読売にすれば前例のないことをどんどんやっていき、実績を作っていった。そうした流れの中で「98年日米野球の冠スポンサーになってくれるところはないか」という話になった。

たまたま電通の同期入社の者が外資系のメリルリンチ証券担当だったこともあり、チャンスが巡ってきた。というのも、メリルリンチが同年2月に日本法人を設立したばかりで、ちょうど知名度を高める機会をうかがっていたタイミングであった。私は担当とどう提案していくかを打ち合わせし、早速、プレゼンテーションに出向いた。結果的に、われわれの提案を先方は気に入り、この年の日米野球の名称は「'98メリルリンチスーパードームシリーズ」に決まったのである。

98年といえば、サミー・ソーサとマーク・マグワイアが歴史的なホームラン王争いを演じ、最終的にマグワイアが70本塁打でタイトルを獲得。冠協賛のメリルリンチは、シーズン新記録を打ち立てたホームランキングの招聘をわれわれに要請してきた。「マグワイアを呼ぶことを条件に、主催者の読売さんとは交渉してくれ」というのが先方の意向。電通は読売からマーケティング権のギャランティをしていた。つまり、主催者からの「いくら集めてくれ」という条件をのんだ電通としては、スポンサーを集めなければならない。そのリスクを負う代わりに、読売に対し、「マグワイアを呼んでほしい」というリクエストができたわけである。この件に関して、読売とMLBとの交渉はかなり揉めたようだ。結果的にマグワイアは無理だが、サミー・ソーサならOKという結論に至った。

アメリカでは3大投資銀行の一角といわれていても、当時の日本に「メリルリンチ」の名前を知っていた人は、どのくらいいただろうか。「あの牛のマークは何だろう?」といった日本の選手が、「あれは牛ではありません。バファローです」とスポンサーからお叱りを受けていたことを思い出す。証券会社とは知らずに、「日米野球のチケットを買いたいのですが」と、実際に窓口へやって来た人もいたそうだ。

「平方さん、そういうときは、どう対応したらいいでしょうか」と担当者から相談されたが、「『こちらは証券会社なので扱っておりません』ということでいいんじゃないですか」と答えたことを憶えている。ともあれ、冠スポンサーになっていただいた日米野球をきっかけに、その知名度は一気に高まったと記憶している。

ひとつ困ったことがあった。先方から「うちの社長に始球式をやらせてほしい」、しかも「スーツ姿で投げる」というのである。スポンサーが始球式を行うという例は、日本のプロ野球にはあまりなかったので、主催者の読売とも相談したところ、「とにかくスーツではおかしい」という話になった。

苦肉の策として、全日本の長嶋茂雄《ながしましげお》監督がサインしたグラウンドコートを着て、投げてもらおうとなった。うまく伝達していなかったのか、当日は自社マーク入りのグラウンドコート姿で社長がマウンドに登場。そのまま、始球式を行ってしまった。社長はアメリカ人なので、もしかしたら、「長嶋さん」といわれてもあまりピンとこなかったのかもしれない。読売側の担当者からすれば、球団に対しても、監督に対しても合わせる顔がなく、面目丸つぶれであった。電通がこっぴどく怒られたのはいうまでもない。

その一方で、痛感させられたのが〝世界のホームラン王　SADAHARU OH〟の存在感だ。「ミスター・オーのサインがほしい」とメジャーリーガーがせがむ光景を見て、わがことのように〝優越感〟を抱いたのは、私だけではなかったであろう。

話題のCM「ソウサ、ヨミウリ」で一躍人気者に！日本での稼ぎもホームランキング級(？)

冠スポンサー、メリルリンチ側が希望していたのはホームランキングのマーク・マグワイアの来日だったが、実際にメンバーに名を連ねたのはサミー・ソーサ。ただし、ソーサ招聘もひと筋縄にはいかなかった。というのは、ソーサ側からギャランティを要求されたからだ。日米野球のルールでは、ギャランティは主催者（この年は読売新聞社）からMLBに一括して支払われる。どの選手がいくら手にするかは、MLBが受け取ったギャランティの中から各選手に配分されるので、日本側はまったくのノータッチ。もちろん、読売新聞社や電通から個別の選手にギャラを出すことをMLBはいっさい認めていない。

日米野球の出場に関してはお金を出せない。ならば、どうしたかというと、読売新聞のCMキャラクターとして、サミー・ソーサを出演させましょうということになった。あくまで、「CM出演の契約上」のこととして処理されたのである。

日米野球の開催期間中に撮影は行われた。ご記憶の方も多いと思うが、「ソウサ、ヨミウリ」というのがそれである。実際、ソーサは日本に来て、各スポンサーから〝モテモテ〟だった。

1996年（平成8）の日米野球では、メジャーリーガーたちにかなりの数のボールにサインをしてもらった。しかし、選手からすれば、サインボールは小切手に名前を書くようなもの。極端な話、ボールにサインを書けば売れるわけである。その量が半端ではなかったため、98年（平成10）のときはMLBの意向により、契約書に「選手のサインは、ひとり1ダースまで」といった制限が加えられてしまった。

この大会を機に、ソーサの名前が日本で浸透したのは間違いない。

その後、ミネラルウォーター「クリスタルガイザー」の輸入販売元、大塚ベバレジがソーサをCM起用している。この〝ソーサ人気〟の流れは、2年後のカブス対メッツによる初のMLB日本開幕戦にもつながっていくのである。

賞金制導入でメジャーの〝マジ度〟倍増「カワジリを出せ、勝ち逃げは許さないぜ！」

1998年（平成10）の日米野球では、勝利チームに主催者から賞金が贈られることになった。これは史上初めてのことだ。

これまでの日米野球はというと、メジャーリーガーたちには、どうしても、どこかにバカンス的な気分もあったのではないだろうか。それには否定しきれないものがあると思う。

ファンの目も年々肥えてきており、〝顔見せ興行〟的な試合ではもはや納得されないレベルまで達していた。だからこそ、もっと真剣勝負の雰囲気を前面に押し出し、エキサイティングな試合を提供しようということになったのだ。

MLBもまさに「オールスターチーム」と呼ぶにふさわしいメンバーが名を連ねていた。ピッチャーにカート・シリング（フィリーズ）、アル・ライター（メッツ）、ケビン・ミルウッド（ブレーブス）、クローザーにはトレバー・ホフマン（パドレス）。野手ではジェイソン・ジアンビー（アスレチックス）、カルロス・デルガド（ブルージェイズ）、ノマー・ガルシアパーラ（レッドソックス）、サミー・ソーサ（カブス）。現在は日本の東北楽天ゴールデンイーグルスに所属するアンドリュー・ジョーンズ（ブレーブス）や、マニー・ラミレス（インディアンス）などを連れてくるあたりは、MLBの〝本気度〟がうかがえるラインナップである。

対する全日本は、監督に長嶋茂雄氏（巨人）、コーチには王貞治《おうさだはる》氏（福岡ダイエー）とON《オーエヌ》が揃って参戦。監督、選手はファン投票によって選ばれた。日本でのオールターゲームではセ・パのリーグ別にファン投票が行われているが、12球団の中から選出されるのは初の試みである。

清原和博（巨人）、古田敦也《ふるたあつや》（ヤクルト）、高橋由伸《たかはしよしのぶ》（巨人）、川崎憲次郎《かわさきけんじろう》（ヤクルト）ら、全日本も球界を代表する選手がズラリ。大塚晶文《おおつかあきのり》（近鉄）、石井一久《いしいかずひさ》（ヤクルト）、松井稼頭央《まついかずお》（西武）、中村紀洋《なかむらのりひろ》（近鉄）、イチロー（オリックス）、松井秀喜（巨人）ら、後にメジャーで活躍する面々が多数出場した。

MLB選抜の第1戦の先発はカート・シリングだという噂が流れた。「絶対的なエースでまずは初戦を取るつもりだな」と見ていたのだが、何と第1戦前日の巨人との親善試合に登板してきたのだ。どうやら、周知が徹底されていなかったらしく、本人はこの試合が「賞金マッチ」の対象外だったというのを聞かされていなかったようだ。それを知ってシリングがガックリしていたという話を後から耳にして、思わず笑ってしまった。

実際にメジャーリーガーたちは真剣に戦っていたと思う。それを物語るエピソードがある。

評論家や野球通の間では、「縦の変化球が持ち球の川尻哲郎《かわじりてつろう》（阪神）には、メジャーリーガーたちも苦戦するのではないか」と予想する向きが少なくなかった。決してスピードボールがあるわけではないが、縦の変化を操るピッチャーはメジャーにはほとんどいない。野茂英雄があれだけの活躍ができたのも、決め球にフォークボールがあったからだ。

注目の川尻は大阪ドーム（現・京セラドーム大阪）で行われた第4戦で先発した。MLB選抜チームの先発はカート・シリング。阪神の軟投派、川尻はのらりくらりの飄々《ひょうひょう》としたマウンドさばきで、メジャーを代表するエースピッチャーにもまったく引けを取らない素晴らしいピッチングを披露した。

強打者揃いのメジャー選抜打線はサイドスローから投げ込まれるカーブや、低く制球されるシュート、シンカーにまったくタイミングが合わない。8回まで1安打無失点と完ぺきに抑え込まれてしまった。日米野球史上初となる日本人投手の完封かと思われたが、9回1死で死球を与えたところで長嶋監督に交代を命じられ、大塚にマウンドを譲った。

試合は1-0の完封リレーで全日本の勝利。敗れたメジャー選抜は「最終戦の東京ドームでカワジリを出せ」と盛んにいってきた。打てなかったのが、よっぽど悔しかったのだろう。勝ち逃げは絶対に許さないといわんばかりだった。川尻の変幻自在の投球術は、メジャーが誇るスラッガーたちをそれほどまで熱くさせたのであった。

この日米野球には、MLB各球団の関係者らも多数来日していたらしい。野茂の成功で、彼らの日本人選手に対する見方が変わってきたのもこの頃だ。

さしずめ試合は〝メジャー品評会〟といった側面がなきにしもあらず。前述した選手の多くが、日本のプロ野球のレベルはMLBでも十分に通用することを証明してくれたのであった。

ヘルメットVSユニフォームの袖 どちらが〝より高い広告スペース〟なのか？

前回の日米野球からヘルメットや、ユニフォームの袖（MLBのみ）など、〝選手広告〟が解禁となったが、当初、MLBが提示してきたマーケティング権料は、袖が15万ドルでヘルメットが10万ドル。ヘルメットよりも袖広告のほうが評価が高かった。ヘルメットは自チームが攻撃中しかテレビに映らないのに対し、ユニフォームの袖は守備時でも映るからというのが理由であった。

MLBも実際のところ、正確な評価を下せなかったのであろう。当時はまだ前例がなかったこともあり、ある意味、吹っかけてきたのかもしれない。ただし、1回やってみたら、袖よりもヘルメットのほうが高く評価されることになった。いまでは多くの視聴者が実感していることだと思うが、当時はまだ、そんなレベルだった。そこで、前回15万ドルだった袖広告が1998年（平成10）は20万ドル、10万ドルのヘルメット広告は何と25万ドルへと跳ね上がった。

この年の日米野球でもNPBからは、「ヘルメット広告はOKだが、袖はNO」と許可が下りなかった。ある企業から、「レギュラーシーズンで選手のユニフォーム広告ができるのであれば、年間5～6億円出してもいい」という話があった。実現はしなかったが、いまの広告料金からすれば考えられない金額である。当時はそれぐらいの価値があったということだ。日本でヘルメット広告が解禁になるのは2001年（平成13）のシーズンから。セ・パ両リーグ同時に認められることになった。

現在も袖よりもヘルメットのほうが概ね評価は高いが、日本球界では実際のところ、球団によって評価はまちまちだ。というのも各球団はいろいろなお付き合いの中で他のアイテムと抱き合わせて売るなど、さまざまなセールスのやり方があるからだ。

選手広告は現在ではさらに細分化され、袖以外にもユニフォームパンツの腰前部分にもスポンサーロゴが露出できるようになった。北海道日本ハムファイターズが、家具量販店のニトリとスポンサー契約を結んだのは記憶に新しい。

手前みそになってしまうが、MLBにとっても海外市場に打って出るときには、非常に効果的な広告ツールになったと思っている。

〝大魔神〟佐々木、凱旋
出場選手の約3分の1がメジャーへ進出！

2000年（平成12）の日米野球は、〝新たな価値観〟をプラスアルファしなければならない大会だった。というのも、この年、MLB開幕戦（シカゴ・カブス対ニューヨーク・メッツ）が、太平洋を渡って初めて日本で開催されたからだ。メジャーの公式戦という真剣勝負を一度でも目にしてしまった後では、オフシーズンに行われる日米野球はどうしても〝花相撲〟的な面が目についてしまうという危惧があった。

「果たして、ファンはお金を払って見に来てくれるのだろうか」

関係者は皆、一抹の不安があったことは間違いない。長い歴史を誇る日米野球は、大きな岐路に立たされた感じがしていた。

この大会の〝目玉〟のひとつは、シアトル・マリナーズの佐々木主浩が日本人メジャーリーガーとしては野茂に次いでふたり目となる、MLB選抜チームの一員として

〝凱旋〟することであった。加えて、この年の日本シリーズは読売ジャイアンツ対福岡ダイエーホークス。初の〝ON監督対決〟で大いに話題になった長嶋茂雄氏が日米野球の第1、2戦で、王貞治氏が第3、4、5、8戦で、それぞれ全日本の指揮官として参戦した（第6戦は中日の星野仙一《ほしのせんいち》監督、第7戦は西武の東尾修《ひがしおおさむ》監督）。また、名古屋で日米野球が開催されたのも史上初の快挙だった。そして、それなりに話題も豊富な大会となった。

マリナーズの佐々木は、この年がメジャーでのルーキーイヤーでありながら、クローザーを任され、37セーブをマーク。アメリカンリーグの新人王にも輝いている。全米で〝大魔神旋風〟を巻き起こした佐々木の招聘は、もちろん日本からのリクエストであった。ちなみに、前年までヤンキースで2年連続2ケタ勝利を挙げたが、この年は振るわなかった伊良部秀輝《いらぶひでき》（エクスポズ）は、MLBから名前が挙がらなかった。

日米野球での佐々木は最終戦の第8戦、9回からメジャー選抜チームの5番手として登板。1アウトを取った後に小笠原道大《おがさわらみちひろ》（日本ハム）にレフト前ヒット、新庄剛志《しんじょうつよし》（阪神）にライトオーバーの2塁打を許したが、後続を連続三振に抑え、メジャー選抜が5-4で逃げ切った。セーブを獲得した〝大魔神〟がメジャーリーガーの貫録を見せつけるかたちとなった。

他の来日メンバーはランディ・ジョンソン（ダイヤモンドバックス）、ジェフ・ケント（ジャイアンツ）、トロイ・グロース（エンゼルス）、インディアンスの鉄壁の二遊間コンビのロベルト・アロマーとオマー・ビスケル、バリー・ボンズ（ジャイアンツ）、ショーン・グリーンにゲイリー・シェフィールド（ともにドジャース）等、「オールスター」という名に偽りのないチームだった。

全米での野茂の活躍が大きかったことはいうまでもないが、日本人プレーヤーの実力が次第にMLB側にも認知されるようになっていた。MLB各球団スカウトが客席にちらほら姿を見せ始めたのも、この年あたりからだ。

00年の全日本のメンバーで後にアメリカへ渡るのは五十嵐《いがらし》亮太《りょうた》（ヤクルト）、小林《こばやし》雅英《まさひで》（千葉ロッテ）、高橋《たかはし》尚成《ひさのり》（巨人）、森《もり》慎二《しんじ》（西武）、城島《じょうじま》健司《けんじ》（福岡ダイエー）、中村紀洋（大阪近鉄）、田口《たぐち》壮《そう》（オリックス）、松井秀喜（巨人）、新庄剛志（阪神）ら、登録選手28人中、ほぼ3分の1の9人にものぼる。彼らはMLBのスカウトたちが見ている前で、自分のプレーを存分にアピールしようという意識を持っていたに違いない。日米野球の場が、日本人メジャーの〝青田買い〟という位置づけにもなっていったのではないかと推測する。

ここにパ・リーグ7年連続首位打者となったイチロー（オリックス）の名前がないのは、ポスティングシステムによる移籍が大詰めを迎えていた時期だったから。イチロー側から出場辞退の申し入れがあったという。

大会期間中の11月9日、マリナーズが彼を落札するのだが、当時はまだ、メジャーで成功した日本人の野手は皆無だった。アメリカからスカウトが視察に来たといっても、彼らのお目当てはもっぱら〝第2の野茂〟。メジャーにはいないタイプのピッチャーを探していたようだ。

全8戦が行われ、成績はMLB選抜の5勝2敗1分。実力差はまだまだ大きいが、日本のプロ野球も着実にレベルアップしていることを、強く印象づけたのではないだろうか。

日本初のMLB開幕戦と同年開催で冠スポンサー獲得は大苦戦……

われわれ広告会社にとっても、2000年（平成12）の日米野球は大きな意味を持つ大会となった。この年はMLB初の日本開幕戦が行われ、その半年後のイベントということで冠スポンサーがなかなか決まらず、通常の協賛から先に埋まっていった。これは珍しいパターンで、われわれにとっては、まさに冷や汗ものの展開だった。

イベントのスポンサーというのは競合他社どうしが一緒に名を連ねることは、まずあり得ない。例えば、アサヒビールが決まったら、キリンをはじめ他のビール会社が同じイベントを協賛することはない。メインの冠スポンサーが見つからないまま、その他のスポンサーが決まっていくということは、それだけ協賛社の業種が狭まることになり、セールスしづらい状況となる。しかし、何としてでも決めざるを得ない。まさにそういう背景から始まったのが、00年日米野球のスポンサーセールスだった。

ＭＬＢ日本開幕戦の冠スポンサーはコンビニエンスストアのａｍ／ｐｍで、チケットの先行発売を手がけるなど、さまざまなプロモーションを仕掛けて大成功を収めていた。ａｍ／ｐｍジャパンの秋沢志篤《あきざわゆきあつ》社長には、引き続き日米野球の冠スポンサーをお願いした。チケットの独占販売というメリットもあり、協賛はやぶさかでないという話になったが、「冠はちょっと……」というお返事だった。ただ、他の協賛社をいろいろと紹介してくださるなど、大きなお力添えをいただき、いまでも感謝の念に堪えない。秋沢氏なくしては、日本でのＭＬＢ開幕戦開催は実現しなかっただろうし、日米野球でも00年から数回お付き合いいただくなど、大きく尽力された方であった。

苦戦続きの冠スポンサー営業だったが、後輩がＮＴＴコミュニケーションズの協賛を取り付けてきた。ちょうどＮＴＴが分社化した直後で、国際電話事業をスタートしたばかりのタイミングでもあった。会社としてグローバルに展開していこうというときに、日米野球がコマーシャルツールとしてうまくハマったということだと思う。

前回に続き、00年もスポンサーのご協力のもと賞金制を導入し、各試合の勝利チームに500万円、シリーズを制したチームには4000万円。賞金総額は8000万円という大々的なボーナスが設けられた。

「開催まで約2ヵ月」から営業スタート
迫り来るタイムリミットを電通の総力戦で乗り切る

2001年（平成13）、アメリカで起きた「9・11同時多発テロ」の影響で、翌02年（平成14）の日米野球は開催するのかしないのかでかなり揉めた。空港をはじめアメリカ国内は保安体制が厳重になり、特に国外への移動はテロの標的になる可能性が否定できない状況だったからだ。

開催の計画はもとからあったものの、9月に入った時点でもまだ開催の正式決定は下されなかった。一番困ったのはテレビ局だ。秋の編成を組まなければならない中、日米野球は11月の開催なので、すでに1クール（四半期）を切っている。

「いまから開催が決定されてもできるわけがない」

そんなテレビ局側の声は、ごもっとも。そこを何とか頼み込み、開催の有無の両方を想定した〝ダブルスタンバイ〟というかたちで、とりあえず放送枠は押さえてもらっていた。

この年は読売新聞社が主催者。開催まで2ヵ月を切った時点で〝ゴーサイン〟は出たものの、最大の問題は、いったいどうやってスポンサー集めをするのか、ということだった。読売新聞社からの要請を受けて、全社を挙げての一大プロジェクトとなり、社内にある20の営業局全局がスポンサー獲得に動き出した。

その結果、全営業局がひとつの同じイベントで大なり小なり協賛社を獲得したというのは、02年の日米野球が電通の歴史上、唯一のイベントではなかったかと思う。

とにかく時間がないから、冠スポンサーに名乗りを上げてくれる企業などあるわけがない。例えば、9月中旬に冠スポンサーが決定したとして、そこから社内調整が始まって概要が決まるのが急いでも9月末。そこから制作物が出来上がるのが10月中旬。そして、プロモーションを仕掛けるといっても、残りは2週間ぐらいしかない。

これでは期間が短すぎて、プロモーションしてもあまり意味がない。営業のインセンティブとしてチケットを付けたとしても、顧客にしてみれば「いまごろ持ってこられても……」という話になってしまう。

電通とすれば、こうなったら看板露出で売っていくしかない、ということになった。

それこそ、一番小さな看板でテレビにも映らないところは30万円、50万円といった単価でセールスした。日米野球では、仮設でバックネットに回転式看板を設置して、イニングごとに小売りが可能であったからだ。例えば9回表にホームチームがリードしているケースでは、裏はいわゆる「X」となる可能性がある。そうなると、せっかくの看板が露出されないため、9回裏は他のイニングに比べて単価は低い。それでも「お付き合いもありますし、30万円で買いましょう」といっていただいたスポンサーもあった。

電通が総力を挙げて集めた売上げは、2ヵ月足らずで読売と契約したギャランティに近い額を何とか達成することができた。

協賛いただいたスポンサーは全部で80社にもなったが、冠スポンサーはなし。02年日米野球の正式名称は「オールスターシリーズジャパン'02」。1996年（平成8）以降、このときだけが唯一、スポンサー名を冠しない大会名となり、公式プログラムの表紙にも企業名はいっさい出ていない。

セールスの一番の〝売り〟は、シアトル・マリナーズのイチローがMLB選抜チームの一員として〝凱旋〟することだった。メジャー1年目の01年は首位打者、盗塁王、新人王、ＭＶＰに輝き、2年目の02年も２０８安打を放つなど、ＭＬＢを代表するバッターのひとりとなっていた。

ＭＬＢ選抜にはもうひとり、日本人メジャーリーガーが名を連ねていた。モントリオール・エクスポズの大《おお》家《か》友和《ともかず》だ。横浜ベイスターズ在籍時には4年間でわずか1勝。99年（平成11）からメジャーへ移籍して3年間で7勝止まりが、この年はチームのローテーションの柱として活躍し、いきなり13勝を挙げてブレークした。

ふたりの日本人メジャーリーガーが凱旋帰国した02年の日米野球は、セールスする側としてはこれほど大変な大会はなかったが、全社が一丸となって仕事をやり遂げた充実感は今も残っている。

個人的にも非常に印象深い日米野球となった。

メジャー選抜チームとしては久々の来日となった〝栄光のピンストライプ〟

2002年（平成14）の日米野球のMLB選抜チームは、数多くのメディアが「史上最強のメンバー」と報じていたが、顔ぶれを見るとそれは決して誇張などではない。ネームバリューだけでなく、旬な選手を大勢揃えたという意味でも、MLB側の〝本気度〟がうかがえた。

6年連続2ケタ勝利を挙げ、02年も20勝をマークしたバートロ・コローン（エクスポズ）、ドジャースの絶対的守護神エリック・ガニエ、ゴールドグラブ賞の常連ロベルト・アロマー（メッツ）、2年連続30本塁打&100打点のエリック・チャベス（アスレチックス）、俊足巧打のジミー・ロリンズ（フィリーズ）、打撃だけでなく〝レーザービーム〟と呼ばれる強肩も評価が高いイチロー（マリナーズ）らだ。

そして、ヤンキースからは勝負強いバッティングが持ち味のジェイソン・ジアンビー、チームの生え抜きで走攻守三拍子揃うバーニー・ウィリアムズが参戦した。

選抜チームの来日が定着した1986年（昭和61）以降、ヤンキースの選手が出場するのは非常に珍しい。MLBは当然、これまでにも日米野球への参加を要請してきたはずだが、おそらくチーム方針として、選手には公式戦にベストな状態で臨ませたいという考え方があるのだろう。しかも2選手ともチームの主力としてバリバリ活躍中の、旬なプレーヤーである。その意味で、02年は特例中の特例。ピンストライプのユニフォームが久方ぶりに日本でお披露目された、記念すべきシリーズとなった。

これには読売新聞東京本社がニューヨーク・ヤンキースの親会社であるヤンキーネッツと共同出資で「読売ヤンキーネッツマーケティング」を設立したことと無関係ではないだろう。スタジアム内の広告看板事業やヤンキース戦チケット販売の仲介業務などがおもな事業内容だが、ジアンビー、ウィリアムズが来日したのも業務提携の〝産物〟ということなのではないか。

02年シーズンを最後に松井秀喜は巨人を去り、FA行使でヤンキースへ入団することになる。そうした動きをにらんで読売サイドがヤンキースに対し、早めに手を打っていたともいえる。読売のビジネスはまさに〝プロ〟の仕事であり、唸るしかない。

松井秀喜、日本で最後の日米野球
バリー・ボンズとのホームランダービー秘話

この年の日米野球は全7戦が組まれ、第1戦の前日には親善試合が行われた。挨拶代わりといわんばかりに、バリー・ボンズ（ジャイアンツ）とジェイソン・ジアンビー（ヤンキース）が2本ずつの特大アーチを放って、日本のファンの度肝を抜いた。

本大会もメジャーが圧倒的な実力差を見せつけるのかと思ったが、第1戦は上原浩治《うえはらこうじ》（巨人）が6回を投げて8奪三振、失点はトリー・ハンター（ツインズ）のソロ本塁打の1点のみという好投を見せ、8−4で全日本が勝利した。第2戦も川上憲伸《かわかみけんしん》（中日）の好投で8−2で連勝。大阪ドームで行われた第3戦は打撃戦となったが、1回、中村紀洋（大阪近鉄）が大家友和（エクスポズ）から放った3ランで先制した全日本が8−6でそのまま逃げ切り、早くも3連勝で王手をかけた。

目の色が変わったMLB選抜チームは第4戦、ジアンビー、ボンズの本塁打などで

6−5と逆転勝ち。続く第5戦も4−0の完封勝ち。第6戦は12−7で乱打戦を制し、3勝3敗のイーブンに持ち込んだ。接戦となった第7戦は4−2でメジャーの勝利。前半戦は不調だったイチローが4打数4安打と大当たりだった。3連敗から4連勝で何とか勝ち越したMLBは、本当に嬉しそうだった。

全日本でブレークしたのは松井稼頭央（西武）だ。26打数11安打で2本塁打。打率は4割2分3厘をマークし、守備でも軽快なフィールディングを見せ、MLB関係者からも大いに注目を浴びる。この2年後、松井はニューヨーク・メッツへ入団する。

一方の松井秀喜（巨人）は期待されながら、27打数4安打で打率1割4分8厘。本塁打はゼロ。明らかに力んでいた。ゴジラ弾が見られずファンもやきもきしていたであろうところへ、「ボンズと松井のホームランダービーをやらないか」という話が突如舞い込んできた。確か札幌だったと思うので第4戦のときだ。どうやらバリー・ボンズ側から持ちかけられたようで、MLB、読売を経由して電通へ話が来た。おそらくボンズが小遣いでも稼ぎたかったのだろう。向こうの要求額は10万ドル。当時のレートで約1000万円だ。松井秀喜を推薦したのは、おそらく読売だろう。

話が出たのは大会期間中である。通常ではあり得ない。はっきりいって、予想だにしない話だった。いきなり「ホームランダービーをやるから」といわれても、いまさらチケット料金を上げるわけにもいかない。スポンサーからお金をいただいても、こちらができることといえば、できるだけスポンサー名の露出を多くすることぐらいである。私は、藁《わら》にもすがる思いで、am/pm社長の秋沢志篤氏に相談しに行った。

「秋沢社長、am/pmの冠でホームランダービーをする可能性はありませんか?」

こんなことは前例がないし、率直にいってスポンサーメリットは少ない。せいぜい、ボンズと松井に同じボールへサインをしてもらって、それを何個かもらうぐらいだ。無理を承知でなおも懇願した。

「もちろん露出はあります。確実にスポーツニュースでは映像は流れますし、そこでam/pmの看板が映るようになります」

こちらはひたすらお願いするしかなかったが、秋沢氏は男気を見せてくれた。

「わかった。やろう」

そのときの秋沢氏の言葉がどんなに嬉しかったことか。

「ボンズや松井のホームランを見て、それで子どもたちが喜んでくれればいいじゃないか。俺はその夢を買うよ」

その言葉には、秋沢社長という人物の器量の大きさをうかがい知る思いであった。と同時に、経営者としての理念が込められているようにも感じた。ａｍ／ｐｍは、1990年代から他のコンビニエンスストアに先がけて、合成保存料や着色料などを使わない食品を開発し、販売してきた。たとえコストはかかっても、ユーザーに〝安心・安全〟を提供したい。そんな理念の持ち主である秋沢氏だからこそ、利益度外視でも、子どもたちへ夢をプレゼントしようとひと肌脱いでくれたのではないだろうか。

札幌遠征から帰ってきた東京ドームでの第5戦の試合前に、ホームランダービーは行われた。キャッチャーの後ろには「ａｍ／ｐｍプレゼンツ」と描かれたボードを立てた。ボンズが先攻、松井が後攻でそれぞれ10スイングずつの2セットで競ったのだが、前半戦はボンズがスコアボード横の看板を直撃する特大アーチを含む4本に対し、松井はわずか1本。明らかに気負っていて、ＭＬＢのベンチ前ではボンズが肩を上下させ、「リラックスしろよ」というジェスチャーを送り、なおかつ、松井の肩を揉んだ。

後半はボンズが看板上の照明にブチ当てる特大弾を放つなどして、合計でボンズの8本に対して、松井は後半巻き返して5本。超一流メジャーの圧倒的なパワーと、日本が誇る天才打者の一騎打ちを、ファンは十二分に堪能したに違いない。

誰もが知る超大物に加えて若き日のスーパースターたちが大挙来日！

2004年（平成16）日米野球の名称は「イオン オールスターシリーズ2004」。東京で4試合、福岡、大阪、札幌、名古屋で各1試合ずつの全8戦、いずれもドーム球場で行われた。この大会の目玉は何といってもこの年のワールドシリーズを制したレッドソックスの〝2枚看板〟、デービッド・オルティスとマニー・ラミレスの強力スラッガーたちだ。その他に、42歳にしてなお剛腕を振るうロジャー〝ロケット〟クレメンス（アストロズ）、23歳で最優秀防御率をマークしたジェイク・ピービ（パドレス）、2年連続盗塁王のカール・クロフォード（デビルレイズ）らが名を連ねる。

チームの特徴は、〝超大物〟と同居するかたちで〝通〟なファンから好まれそうな若手成長株が多数来日していることだ。毎回いえることであるが、「MLBオールスター」と謳っているだけあり、日本ではあまり知名度がなくても、〝旬〟でホットな選手、将来有望な若手が選出されている。メジャー2年目のミゲル・カブレラ（マーリンズ）はこの年から頭角を現し、11年（平成23）から3年連続首位打者、12年にはMLBで45年ぶりの三冠王に輝いている。フランシスコ・ロドリゲス（エンゼルス）は翌年から2年連続でアメリカンリーグのセーブ王。08年（平成20）にはメジャー最多記録の62セーブをマークし、MLBを代表するクローザーのひとりに成長した。来日した選手の多くがその後、いかに活躍したかがおわかりいただけるだろう。

ちなみにこの年、シーズン262安打のメジャー新記録を打ち立てたイチローは出場を辞退した。もちろん、日本サイドから出場をリクエストはしたが、実現には至らなかった。所属するシアトル・マリナーズがプレーオフに進出できず、その年の9月末で、早々とシーズンが終了。日米野球までに日数が空いてしまい、いいパフォーマンスが出せないという、いかにもイチローらしいこだわりがその理由だったらしい。

他にも出場をリクエストしたのが、大塚晶則《あきのり》投手（パドレス）と石井一久投手（ドジャース）だった。大塚は中日ドラゴンズからこの年、ポスティングシステムでパドレス入り。当初は敗戦処理での登板が多かったが、4月に初勝利と初セーブを挙げた後はセットアッパーとして定着。メジャーで日本人投手最多の73試合に登板し、防御率1・75と抜群の安定感を誇り、ナショナルリーグ最多の34ホールドを獲得。

大塚の〝凱旋〟はMLBサイドもすぐに認めたが、石井に関しては、じつは微妙だった。メジャー3年目の04年は、前年の14勝に続いて13勝をマーク。チームトップタイの勝ち星を挙げて、9年ぶりとなるドジャースの地区優勝に大きく貢献したが、成績がナ・リーグで5本の指に入るかというと、そこまではいかない。

名称は「オールスターシリーズ」でも、MLBの見解としては、日米野球を格上の「オールスターツアー」と呼んでいた。いくら日本からのリクエストとはいえども、オールスターの一員としてふさわしい成績を残していない選手には、MLBサイドはなかなかOKを出さなかった。結果的に、成績上位者の中でケガなどの理由で辞退者が出たために、繰り上がりで石井が3年ぶりに日本のマウンドに上がることになった。いずれにしても、これで日本のファンの〝夢〟がひとつかなってよかった。

MLBのプレーヤーたちが全員、ベストのコンディションだったかといえば必ずしもそうではないだろうが、少なくとも現状でのベストメンバーで臨もうというMLB側の姿勢は伝わってきた。そういう意味では彼らは〝本気〟だった。対する日本もその心意気に応えなければならなかった。

しかし、全日本メンバーを揃えるのは難航した。この年の9月、日本の選手会は、日本プロ野球史上初となるストライキを決行し、9月18、19の両日に予定されていた1軍と2軍の試合はすべて中止。ストライキの発端となった球団削減問題は選手会の強い反対によって回避されたが、ストをきっかけに選手会の結束力は強まった。

その影響は日米野球の交渉にも及んだと考えざるを得ない。ほとんどの選手は出場の意向を持っていたと思うが、一部から「なぜシーズンオフに試合をやらなくてはいけないのか」という声が上がっていたという。

しかし、選手に対する球団の拘束期間はキャンプインの2月1日から11月いっぱい。11月の日米野球出場には契約上、何の支障もない。スポンサーは、「なぜ、MLBは決まっているのに、日本はなかなか決まらないのだろう」と困惑し、主催者はもちろん、われわれ広告会社もMLBに対して示しがつかないと思った。そして何よりも、ファンをがっかりさせることにならなかったのだろうか。

日米野球をステップに、後にメジャーで活躍した選手は少なくない。このシリーズも、五十嵐亮太（ヤクルト）、井川慶《いがわけい》（阪神）、岩隈久志《いわくまひさし》（大阪近鉄）、上原浩治（巨人）、松坂大輔《まつざかだいすけ》（西武）、城島健司（福岡ダイエー）、岩村明憲《いわむらあきのり》（ヤクルト）らが出場している。

日米野球は企業アピール、宣伝だけの場所じゃない 社内のモチベーションUPにも有効活用

この年の日米野球の冠スポンサーは日本を代表するGMS（総合スーパー）のイオン。同社がMLBとかかわるきっかけとなったのは、マリナーズのイチローの活躍だった。2001年（平成13）はイチローがメジャー1年目ながら一躍、マリナーズのスター選手へと躍り出て、チームも116勝46敗という圧倒的な強さでアメリカンリーグの地区優勝を果たした。そこでイオンは、日本におけるMLB公式スポンサーとなり、「マリナーズ優勝セール」を予定。ポスター、チラシなども用意し、準備万端整えたが、「9・11同時多発テロ」の影響でセールは自粛することになってしまった。

そのような経緯もあり、イオンはメジャーリーグにとても興味を示していた。事実、日本でのMLB公式スポンサーを6年間も続けていただいた。特に、東京限定で開催されるMLB日本開幕戦よりも、全国各地で行われる日米野球をスポンサードしたほ

うが、イオンという会社の方針や考え方にマッチしていた。

日米野球は北から南まで日本全国で開催されることになっている。全国展開するイオンにとっても、効果的な宣伝が期待できたのである。タイミング的にも、この前年には総合小売業のマイカルがイオングループ入りして完全子会社化し、マイカルが運営していたチェーンストアのサティが傘下に収まることになった。

小売業だけではなく、イオングループは専門店事業、金融、ディベロッパー事業、文化事業など、生活にかかわるものすべてを手がけており、海外へも進出していた。イオンにしてみれば、グループとしての一体感を生むコンテンツを探している時期でもあった。日米野球という共通のテーマを持つことで、グループ全体が結束する。MLBにかかわることは、グローバル化という企業の方向性にも合致する。そこには企業としての緻密な戦略があると思った。

ユニフォーム広告には「イオンクレジット」が登場し、各ドーム球場では「AEON」はもちろんのこと、サティなどの広告看板も掲げられた。野球ファンのみならず、世間一般にもイオングループの名前をいっそう浸透させられたのではないだろうか。

日米野球というコンテンツは、次第に、さまざまなかたちで有効活用されるビジネス・トライアルの場となってきた。04年(平成16)の日米野球はまさに、〝教科書〟のようなイベントであったといえよう。

また、この頃、日米間でも新しい動きが生まれている。読売とニューヨーク・ヤンキースの合同出資によって、読売ヤンキーネッツマーケティングが設立される。前述したが、松井秀喜が巨人からヤンキースへ移籍するのを見越して、球団としては留意する一方で、読売の本社としては着々と準備を進めてきたプロジェクトといってもいいだろう。

じつは1990年代まで、ヤンキースの日本の業務提携先は日本ハムファイターズだった。03年(平成15)から5シーズンで指揮を執り、06年には日本一を含むパ・リーグ連覇にチームを導いたトレイ・ヒルマン監督は、来日前はヤンキース傘下のマイナーチームの監督を務めていた。日本ハムが彼を招聘したのも、その業務提携の一環だったのではないだろうか。

巨人のMLBにおけるもともとの業務提携先はドジャースだった。提携を結んだのは昭和30年代だと思われるが、61年(昭和36)以降、数度にわたってフロリダ州ベロビーチにあるドジャータウンでキャンプが行われている。機動力やバントなどの小技を駆使する「ドジャース戦法」を取り入れた川上哲治《かわかみてつはる》監督時代の巨人が65年（昭和40）から9年連続日本一を果たせたのも、ドジャースとの提携の〝産物〟と評する球界関係者や評論家はいまだに多い。

さて、松井のヤンキース在籍時代、ライトスタンド側に「KOMATSU」の広告看板をご覧になった方も多いことだろう。これは、読売ヤンキーネッツとコマツの間に、電通が入って進められた案件のひとつ。産業機械メーカーのコマツは松井とキャラクター契約を結び、ライトスタンド3階フェンスというかなり高い位置に看板を設置した。それには「ここまで打ってくれ」というスポンサーの願いが込められていた。

AV機器の船井電機がヤンキースのチームスポンサーになったときも、読売ヤンキーネッツを通じてのビジネスとなった。冠イベントの「FUNAI DAY」には、来場者のほとんどに「FUNAI」の文字とピンストライプをあしらったハッピを配布して好評を博した。

松井のヤンキース入団は読売にもヤンキースにも〝黒字〟をもたらしたのではないか。それだけ〝松井ブランド〟の価値が上がったともいえよう。価値が上がりスポンサーがつけば、その分ファンの夢が実現する機会も増えるのである。

進むスポンサーカテゴリーの細分化で「1業種1社」の〝常識〟に革命が起こった!

2004年(平成16)は、日米野球におけるスポンサー獲得のあり方にも大きな転機が訪れることになる。すなわち、「協賛スポンサーは1業種1社」の大原則に変化がもたらされたのである。

つい15~16年前までは、あるひとつのスポーツイベントでドリンク系の協賛社をセールスするとしたら、競合にならないカテゴリーの分け方といえば、せいぜい「アルコール系」「ノンアルコール系」だった。ミネラルウォーターを販売するA社、アイソトニック飲料を主力とするB社があったとすれば、A、B社ともに「ノンアルコール系」で競合するため、同時に協賛することなどできなかった。

ところが、00年(平成12)を過ぎた頃からアメリカでは、NFL(ナショナル・フットボール・リーグ)や陸上大会などで、スポンサーのカテゴリーをより細分化した新たなセールスが展開されるようになる。

ひとつのカテゴリーに過ぎなかった「ノンアルコール系」、あるいは「ソフトドリンク」は、いまでは「炭酸」「コーヒー」「フレッシュジュース」「アイソトニック飲料」「ミネラルウォーター」、そして「その他」といったように細かく分類されている。

コーヒーとフレッシュジュースのメーカーが同時に協賛しても競合にはならないし、スポンサーにとっても一般消費者へのアピール性が損なわれることはない、という考え方に基づくものである。

IOC（国際オリンピック委員会）を例にとってみよう。14年（平成26）ソチでの冬季オリンピック開催時点では、日本のパナソニックと韓国のサムスン電子がIOCワールドワイドパートナーに名を連ねている。両社ともに世界的な電気機器ブランドであり、競合する分野の多いライバルどうしだ。ただし、パナソニックは「AV・音響部門」、サムスンが「モバイル部門」と、異なるカテゴリーでスポンサードしているため、両社の併存が成立しているのである。

その背景には、より収益性を高めたいという主催者側の意図があることはいうまでもない。

当時、電通でもそのパターンを参考にしながら研究を重ねていた。「スポンサーのカテゴリーを細分化すれば、さらにセールスのチャンスが広げられる」という考え方に基づいてスポンサー獲得に動いたのが、この年の日米野球である。

かつては銀行、証券、リース、信販、損保、生保などはすべて「金融業」とひとくくりにされていたが、これらを細かく分けてセールスするようになった。今日では企業の多角経営、グローバル化は当たり前だし、自動車や電気機器のメーカーが不動産を扱うケースだって珍しいことではない。業種のボーダーレス化は進む一方だ。

04年日米野球の冠協賛であるイオンには、流通のGMSとスーパーマーケットのカテゴリーでスポンサードしていただいた。

GMSとは「ゼネラルマーチャンダイジングストア」の略で、いわゆる「総合スーパー」だ。食料品のほか日用品、衣料、家電、家具など、日常生活で必要な多種多様なアイテムを総合的に扱う、大衆向けの大規模な小売業態であり、スーパーマーケットや百貨店とは別カテゴリーとされる。

am／pmには、コンビニエンスストアとして協賛社になっていただいた。コンビニとスーパーでは同じ小売だが、業態も違えば客層も違うため（一部競合する部分はあるが）、ひとつのイベントを同時に協賛することに問題はない。逆に、イオングループ傘下のコンビニ、ミニストップは日米野球でのキャンペーンを張ることができなかったのである。

電通としてはカテゴリー分けをきっちりやっていき、何の分野、商品に対する協賛なのかを明確化していかなければならない。04〜05年（平成16〜17）というのは広告業界的にはそんな時代背景があった。

この年、日本で行われたニューヨーク・ヤンキース対タンパベイ・デビルレイズのMLB開幕戦でもこのセールス手法が展開され、日米野球で完全に確立されたといえるのではないだろうか。

レッドソックス2枚看板オルティス、ラミレスの招聘に成功！

2004年（平成16）、日米野球に出場するため、その年のワールドシリーズ優勝に輝いたボストン・レッドソックスのデービッド・オルティス、マニー・ラミレスの両主砲が来日したことは、主催者である毎日新聞社の大ヒットであった。現役バリバリの旬なメジャーリーガーのパワーを目の当たりにでき、ファンも大満足だったはずだ。

来日メンバーを見てみるとヤンキースの選手の名前がない。この年、日本で行われたメジャー開幕戦にヤンキースがチームとして来日したということもあるが、日米野球に関していえばヤンキースは、どちらかというとあまり協力的とはいえない面があったと思う。読売新聞社主催だった前回02年（平成14）では、ジェイソン・ジアンビー、バーニー・ウィリアムズのふたりの〝ヤンキー〟が来日。これはひとえに読売の〝力〟によるものであった。

04年の主催者、毎日新聞社としては、読売に気遣ったのかどうかは定かではないが、「うちはヤンキースではなく、ライバル球団のレッドソックスでいこう」ということになったのでは、と想像される。松井秀喜がMLB選抜の一員として凱旋する姿もファンとしては見たかったであろうが、それよりも、まだ来日実績のないレッドソックスの主砲ふたりを呼ぼうということになった。

ヤンキースとレッドソックスの関係は、日本でいえば、巨人と阪神の関係に似ている。球界の盟主と、それに対抗する最大のライバルチームという構図もさることながら、ファン気質というのもどこか似ているような気がしてならない。アメリカのレッドソックスファンは、非常に熱狂的なことで有名だ。「B」のロゴが入ったベースボールキャップをかぶったファンが、どこの球場であっても大挙応援に駆けつける。それは阪神にも共通する部分ではないだろうか。

さて、主催者の苦労の末にレッドソックスの2枚看板を呼んだのにもかかわらず、ラミレスは、なぜかシリーズ途中で帰国してしまう。一方のオルティスは、2本塁打を含む大活躍。滋養強壮剤「ユンケル」シリーズの一番高額な商品を気に入り、100本まとめて〝大人買い〟するなど、グラウンドの内外で豪快さを見せつけて帰国した。

過去最高額の賞金と初の延長戦
ガチ勝負でメジャーが5戦全勝をもぎ取る!

2006年(平成18)の日米野球は大きな岐路に立たされていた。3月にはWBCの第1回大会が開催され、日本が〝世界一〟に輝く。そんな中で、「いまさら日米野球?」という声が少なくなかったのは確かだ。

大会のサブタイトルは「世界最強リーグ決定戦」と銘打たれている。WBCは国別対抗戦であり、〝世界一強い国〟を決める大会である。ならば、日米野球は〝最強のリーグ〟を決める大会と位置付けたからだ。

来日メンバーを見てみると、これがかなりいい選手を揃えてきている。絶対的守護神のジョー・ネイサン(ツインズ)、この年初の首位打者に輝いたジョー・マウアー(ツインズ)、本塁打、打点2冠王のライアン・ハワード(フィリーズ)、俊足好打のホセ・レイエス(メッツ)、アンドリュー・ジョーンズ(ブレーブス)らだ。

余談だが、ハワードはマネージャーが日本のCMに売り込みたいと私のところへ何度もやって来たが、実現には至らなかった。一方で、過去にも、サミー・ソーサやマーク・マグワイアといった人気選手の代理人を名乗る人物が何人も現れた。「私がエクスクルーシブ・マネージャーです」「うちのオフィスは彼と正式契約しています」という〝自称〟代理人が、私にアプローチしてきた。中には、ビジネスがうまくいったときに正式な事務所につなぐという、ヤバイ人物もいたようだ。いうまでもないが、そういった人たちにはお引き取りいただいている。

監督は04年（平成16）に引き続き、ブルース・ボウチー（パドレス）。前回は5勝3敗と苦戦したので、「日本に圧勝する」ことを意識したラインナップを組んできたといわれた。日本からは、まず、シアトル・マリナーズの城島健司の出場をリクエストしていた。松井秀喜は左手首を骨折し、このシーズンはわずか51試合の出場にとどまり、イチローも諸事情で来日が難しい。結果的には、城島とともに、井口資仁《いぐちただひと》がシカゴ・ホワイトソックスのユニフォーム姿を日本のファンにお披露目することになる。

画期的な出来事といえば、日米野球史上初となる延長戦の導入（最長13回まで）。MLBもよく同意したと思う。賞金も過去最高額で3勝で1億円、4勝で1億200

0万円、5勝で1億4000万円が、優勝チームに贈られることになった。

全日本チームはファン投票によって選ばれた12名とNPBが推薦した選手から構成されたが、ケガなどで辞退者が続出したのは残念だった。〝WBC組〟に出場辞退者が多かったのは、通常のシーズンより1ヵ月も早く体を仕上げたために、そのしわ寄せがシーズン終了後に一気に出たからではないか、といわれていた。

全日本の監督は東北楽天ゴールデンイーグルスで指揮を執る野村克也《のむらかつや》氏。選抜メンバーで後にアメリカへ渡った選手には、井川慶（阪神）、和田毅《わだつよし》（福岡ソフトバンク）、福盛和男《ふくもりかずお》（東北楽天）、青木宣親《あおきのりちか》（ヤクルト）、川﨑宗則《かわさきむねのり》（福岡ソフトバンク）等がいる。

第1戦、全日本は内海哲也《うつみてつや》（巨人）が6回まで投げて3失点とゲームを作ったが、メジャーの強力投手陣の前に打線が振るわず、3−2でMLB先勝。

続く第2戦は、打って変わって打撃戦。MLBの誇る強打者ハワードが2本の本塁打を放ち、8−6でMLBが連勝する。

MLBの猛打がさらに爆発したのが第3戦。マウアー、ジョーンズ、デービッド・ライト（メッツ）にそれぞれ一発が出ると、ハワードにもシリーズ3本目となる本塁打が飛び出し、11−4でMLBが快勝。

舞台を京セラドーム大阪に移した第4戦でも、ハワードが4号本塁打、ライトも第3戦に続く一発。これでもか、といわんばかりに、メジャーのパワーを見せつけられる。最終戦は福岡のヤフードーム。同点のまま、日米野球初の延長戦へ突入。10回裏、レイエスのサヨナラ弾で劇的な勝利を収め、5戦全勝でMLB軍団が賞金を〝総取り〟。まさに「最強リーグ決定戦」の名にふさわしい戦いぶりを日本のファンの前で披露したのであった。

高額賞金が懸かっていたことでメジャーリーガーたちの目の色が違っていた。ただし、それは金額の問題ではなく、プライドを懸けた勝負だった。

この日米野球は、初めて東京以外で最終戦が行われている。MLBの選手たちからわれわれのもとに、「ゲームが終わったら、中洲の街を案内してほしい」とリクエストが来ていた。当時のソフトバンクマーケティングの吉武《よしたけ》本部長、深町《ふかまち》部長に〝とっておき！夜の中洲情報〟収集をお願いし、試合終了直後にはMLBのチームマネージャーにそれを渡すことができた。そのときのチームマネージャーのホッとした顔は、いまでも忘れられない。後日、彼らは「かなりハジケていた」という話を聞く。

〝さすがはメジャー、攻守の切り替えも超一流〟と、ひとり微笑んでしまった。

〝真剣勝負〟のWBC、〝親善試合〟の日米野球……果たして「日米野球の使命は終わった」のか？

前述したように、2006年（平成18）日米野球は、全日本側に出場辞退者が続出し、その中にはWBC出場の選手が多く見られた。スポーツ紙によると、全日本を率いた東北楽天の野村克也監督は「自己中心の選手が多すぎる。ペナントレースで普通にやっていて何が体調不良だ。やるからには、喜んで出てくれる選手でやるのが一番」と苦言を呈している。

この年の7月、選手会はNPBに対して、「今回で最後にしてほしい」と日米野球の打ち切りを求めたという。WBCという国別対抗戦の〝真剣勝負〟の場ができたいま、親善試合である日米野球に意義が見いだせないというのが大意のようだ。「日米野球は時代の役目を終えた」というコメントも選手会から発せられた。

だが、果たしてそうだろうか。親善試合とはいえ、バリバリのメジャーリーガーのパワー、スピード、テクニックを生で見たいと思っているファンは少なくないはずだ。さらに、日米野球は東京以外の主要都市でも開催されるので、全国の野球ファンが、メジャーリーガーを間近に見ることのできる貴重な機会となっているのではないか。

全日本がメジャーを完膚なきまでに叩きのめし、相手にならないというのであれば、「役目を終えた」という言葉も理解できる。日米野球開催に多少なりとも携わってきた私とすれば、何かが違うような気がしてならなかった。このとき、選手会は本当にファンのことを第一に考えていたのか、疑問を感じてしまう。

WBCが実現し、日米野球の〝立ち位置〟がやや中途半端になっていたのも事実だが、私は「伝え方」の問題だと思っている。WBCは「国別対抗戦」というしっかりとした〝意味付け〟がされているからこそ、あれだけ日本中が野球一色で盛り上がった。日米野球は、日米野球ならではの意味を見つめ直す必要は確かにある。06年大会を「世界最強リーグ決定戦」と銘打ったのも、ひとつの方法である。

08年（平成20）の日米野球開催は早々と見送りが決まり、10年（平成22）開催に向けて動いてはいたが、課題は山積していた。最大の問題は、MLB側に対するギャランティ額だった。向こうは基本的に、前回大会のギャランティをベースに交渉してくる。日本国内では広告収入が落ち込んでいるにもかかわらず、開催するたびに要求額が上がる。そうなると、「そこまで払ってまで開催する価値があるのか」ということになる。もちろんギャランティ額に見合う内容であれば、可能性はある。それには、受けて立つ〝日本チームの充実〟が不可欠だ。06年以降の日本の対応を見ていると、その〝充実〟ぶりがなかなか担保されていないような気がしてならない。日米野球が06年を最後に開催されていない理由は、そういった点にもあるのではと考えている。

国別対抗戦のWBCは、少なくとも日本球界では「国際試合の最高峰」に位置付けられている。そういう状況の中で日米野球をどう位置付けるのか。

例えば、13年（平成25）にシーズン本塁打新記録を打ち立てたウラディミール・バレンティン（東京ヤクルト）が、全日本の一員になるという考え方も〝アリ〟だと思う。国別対抗戦のWBCにはない面白さを打ち出していく必要があるからだ。

一方、17年（平成29）には第4回WBCが予定されている。日本代表監督には、小《こ》久保裕紀《くぼひろき》氏が就任したが、次の大会に向けてどういった流れで「SAMURAI JAPAN」を強化していくのか、その青写真がいまひとつ見えていないような気がする。

IBAF（国際野球連盟）主催の「IBAFプレミア12」の第1回大会が15年（平成

27）に日本で開催の予定だが、これがWBCとどうリンクしてくるのか。現役バリバリのメジャーリーガーの出場が保証されていない「国別対抗戦」の意義をしっかり考えないと、果たして、一般の野球ファンにどう伝わってしまうのか、こわい気がする。

サッカーではワールドカップまでの道のりがきちんと決められており、その間に開催される各種国際試合の位置付けも明確だ。WBCの場合はまだ試行錯誤の途上にある。これはあくまで私案だが、14年は日米野球、15年は日韓対抗戦、16年はメンバーの選定を兼ねてキューバやオーストラリアとの強化試合。そして17年のWBCに臨むというプランなどを提案しているが、大切なのは、最終目標に対してのマイルストーンの明確化だと思う。これがはっきりすることで、その周りにあるビジョンが明確になり、ビジネスチャンスが生まれてくるのではないだろうか。

NPBも日本の選手会も、いろいろな考え方を持って試行錯誤しているとは思うが、もっと積極的に、かつ、従来の「野球ビジネス」を根底から改革するぐらいの英断が必要なのではないだろうか。ビジネスの視点でいえば、WBCというキラーコンテンツがあるのに有効活用されていない状況を見ると、本当にもったいない。そう考えてしまうのは、私だけだろうか。

始球式で140キロオーバーの剛速球？
金メダリスト室伏広治は、やっぱり凄かった！

仕事柄、始球式の人選については、私がアレンジするケースが少なくない。2004年（平成16）、名古屋で開催された日米野球第7戦の始球式は、地元にゆかりのあるハンマー投げのアテネオリンピック金メダリスト、室伏広治《むろふしこうじ》選手にお願いした。

本番前の練習では、受けるプロのキャッチャーが「ホントに半端じゃない。140キロ以上は出ていた」と目を丸くしていた。いくら驚異的な身体能力を誇るとはいえ、野球未経験者であそこまでのスピードボールを投げられる人物は、室伏選手しかいないだろう。聞くところによると、高校時代はほとんど経験がないにもかかわらず、専門外のやり投げで全国でも上位に食い込んだことがあるとか。もともと地肩は強かったようだ。

満を持して臨んだ始球式本番は、残念ながら練習ほどのスピードは出なかった。「もしもバッターに当てたらと思うと、本気で投げられなかった」とは本人の後日談。

第２章

ＭＬＢ日本開幕戦編‥メジャーのガチンコ勝負を直輸入

MLBによる世界戦略のゴングが鳴った！日米野球の約2・5倍のビッグマネーが動く

「メジャーの〝ガチンコ勝負〟を日本で見たい」という野球ファン長年の夢がかなう日がついに来た。2000年（平成12）3月29、30日に行われたシカゴ・カブス対ニューヨーク・メッツの開幕2連戦は大盛況を極めた。

MLB日本開幕戦の話は、1998年（平成10）日米野球のときに持ち上がっていた。これに尽力されたのが読売新聞社の石黒堯氏。長期にわたる交渉の末、MLBの〝世界戦略〟という思惑ともマッチして基本線がまとまったといえよう。

じつは当初、MLBだけではなく、北米4大プロスポーツリーグのひとつであるNFLの開幕戦を日本でできないだろうかという話も検討された。ただし、その可能性は今後も高まる見込みはないだろう。一番のネックは試合数が少ないこと。ちなみに、NFLのレギュラーシーズンは16試合。その中の1試合を日本に持ってくるのは現実的ではなく、仮に持ってくることができたとしても、問題は多い。まずは、かなりの高額のギャランティ。次に、日本で開催しても、米国内のようにたくさんの来場者があるのか？　3番目に、放送権料は実情に見合った金額になるか？

その点、MLBはレギュラーシーズンのゲームが年間162試合もある。99年（平成11）にはメキシコでサンディエゴ・パドレス対コロラド・ロッキーズの開幕戦が実現している。日本での開催も基本的には、支障をきたすものはなかった。

ただし、招聘にかかる費用はかなりの額にのぼる。同年に行われた日米野球のざっと2・5倍をMLBサイドに払わなくてはならなかったのである。両チームにとっては、本国での主催ゲームが1試合ずつ減ることになるので、その分の営業補償を負担しなければならない。つまり、カブスであれば、本拠地のリグレー・フィールドが満員になったときに得ていたと思われる以上の金額。これにはチケット代やグッズ、飲食代諸々が加算されてくる。しかも、同額を補償するだけなら向こうもビジネスにならないので、プラスアルファの額を負担しなければならなかった。それに加えて、興行権にかかる経費をはじめ渡航費、日本での宿泊費、移動費なども必要になってくる。

日米野球の場合、MLB選抜1チームでの来日なので、チャーター機は1機で済む。

しかし、開幕戦には2チームがやって来る。まさか、公式戦を戦うチームどうしが同じ飛行機に搭乗するわけにはいかない。チャーター機を2機、手配せざるを得ない。監督、コーチ、選手の宿泊施設も、本来であればチームごとに別々のホテルを準備しなくてはならないが、それだと運営的に煩雑になるので、できれば避けたかった。その問題を解消できたのが、千代田区紀尾井町にある「ホテルニューオータニ」であった。ニューオータニは本館と別館に分かれており、ふたつのチームが同時に滞在するにはもってこいだったからだ。余談ながら、ナイトスポットとして人気の六本木が近かったことも、両チームの選手たちからは好評だった。

莫大な経費がかかるにもかかわらず、主催者の読売新聞社は「球界の盟主」としてのプライドと使命感に燃えていた。読売は日本野球界の発展のためには、常にリーダーシップを発揮し、歴史的に見てもこれまで先駆的な試みを数多く実現してきた。このときも「本場の生のプレーを見たい」という日本の野球ファンの夢をかなえたいといった熱い思いが、各関係者の中に原点としてあったと思われる。

読売新聞社のパワーに加えて、冠スポンサーであるam／pmジャパンの当時の代表取締役社長、秋沢志篤氏の情熱がなければ成功はあり得なかった。秋沢社長は自ら、

MLB日本開幕戦の「応援団長」を宣言し、広告会社の人間としては恥ずかしいことではあるが、協賛社の獲得にもご尽力いただいた。

一方で、「メジャーの試合を見てしまうと、日本の野球に関心が向かなくなってしまう」といった危惧が、一部の球界関係者の間でささやかれたりした。しかし、それを口にしたら〝敵前逃亡〟と同じ。すでに衛星放送やインターネットなどでMLB情報は広く行き渡っていたし、いまさら隠し立てのようなことをしても、何の意味もない。事実、MLB開幕戦が日本で行われたことで、日本のプロ野球の来場者数が落ち込んだわけではない。むしろ野球界全体が盛り上がったといえるのではないだろうか。

また、00年MLB日本開幕戦の話が、なぜ98年の日米野球のときに出たのか。その点についても述べておきたい。

98年は、フランスで開催された、サッカーワールドカップに日本が初出場した年でもある。この頃の風潮として、日本中が本当に〝サッカー一色〟に染まっていて、プロ野球にはもうひとつ〝追いやられた〟感が出ていた、という背景もあった。

だからこそ、このMLB日本開幕戦は「新しい野球」のイメージを醸成させた、意味のあるイベントであったのではないだろうか。

ゲームの迫力もスポンサードも〝アメリカン〟〝オキテ破り〟のダブル冠協賛

日米野球の約2・5倍もの莫大なギャランティを捻出するために電通が取ったセールスが、当時は〝オキテ破り〟とされていた「ダブル冠」という方法だった。

カブス対メッツの開幕2連戦に先立って、西武ライオンズと読売ジャイアンツがそれぞれカブス、メッツの両チームと対戦する親善試合が組まれていた。

この大会のメインの冠協賛は、コンビニエンスストアのam／pm。大会の正式名称は「am／pmメジャーリーグ開幕戦」となっている。3月27日の西武対メッツ、28日の西武対カブスの冠は「am／pmメジャーリーグ開幕戦　さくら銀行@BANKプレゼンツ」。27日の巨人対カブス、28日の巨人対メッツは「am／pmメジャーリーグ開幕戦　オートウェーブプレゼンツ」というように、冠がふたつ付けられている。国内ではあまりないが、海外のゴルフツアーなどではシリーズ冠と、「○○オープン」といった大会冠が併設されることは珍しくない。業界では「アンブレラ」と呼ばれている手法であるが、日本ではあまり例がなかった。このMLB日本開幕戦で大々的に展開されたことは、業界内でも大きな話題になったのである。

チケット販売は初動の段階から好調だった。その理由には、待ち望んでいたファンが多かったのはもちろんのこと、開催の決定が早かったおかげで、協賛各社の準備期間を長く取ることができ、プロモーションを展開しやすかった点などが挙げられる。まずは、am／pmが前年末からプロモーションを展開し、チケットプレゼントなどを大々的に行った。その結果、一般に出回るチケットの枚数が少なくなって、プレミア化するという、理想的な展開となった。

大手製菓メーカー、江崎グリコの協賛決定のシーンは衝撃的だった。秋沢社長と私が都内ホテルのラウンジでお茶をしているときに「MLB日本開幕戦は子どもたちにも見てもらいたいですね」という話になり、「それなら、スポンサーはグリコでしょう」となった。さっそく、秋沢社長はその場で直接お電話され、「ぜひ、応援団に加わっていただきたい」と直談判。後日、正式にOKをいただいたのには、本当に驚かされた。

大塚ベバレジは自社製品であるミネラルウォーター「クリスタルガイザー」のCMキャラクターがサミー・ソーサであったため、即、協賛が決定。他のスポンサーも次々に決定していった。

日本初のMLB開幕戦は、それほど大きな訴求力や魅力のあるコンテンツだったという何よりの証しである。

テレビ中継も異例なものとなった。読売新聞社主催で東京ドームの試合は日本テレビ系列の独占中継が慣例だが、このときは「ぜひ、やりたい」ということでフジテレビが第1戦の中継に名乗りを上げた。じつは、フジテレビは1970年代からメジャーリーグ中継を行っており、「アメリカ大リーグアワー」と題してレギュラーで放送していた。NHKやTBSと並び、日本国内におけるMLBのオフィシャル・ブロードキャスターとしてメジャーリーグの放送を古くから長年行っていたことから、日本初のMLB開幕戦という記念すべき試合は、「メジャー中継の老舗、フジが中継する」という自負があったのではないだろうか。

好調なチケット販売を反映するかのように、東京ドームは2戦とも超満員。スポンサーセールスも絶好調であったが、意外にも、視聴率は期待していた数字までは伸びなかったようだ。フジテレビが中継した第1戦は、関東地区で13・6%。日本テレビが中継した第2戦は10・0%。2試合とも好ゲームでメジャーの魅力は観客に十分伝わったと思うが、テレビに関してはそれが数字には結びつかなかった。裏番組との兼ね合いもあるので、興行的には成功しても、それが必ずしも高視聴率につながるわけではない。図らずも、大好評を博したMLB日本開幕戦がその典型になるとは、思いもよらなかった。

試合開始は2戦とも19時プレーボール。日本のプロ野球よりも少し遅めの開始となっている。鳴り物の応援はいっさいなし。7回表終了後には、アメリカでは恒例の「セブンスイニング・ストレッチ」として『私を野球に連れてって』（Take Me Out to the Ball Game）が球場全体に流れる。すべてが〝メジャー仕込み〟であり、ゲーム全体が日本に〝パッケージ輸入〟されたというわけだ。

試合のほうは、1勝1敗のタイ。サミー・ソーサは第1戦に2安打を放ったが、期待された本塁打は不発。第2戦は後に千葉ロッテマリーンズで活躍するベニーことアグバヤーニが代打で登場し、豪快に満塁弾を放っている。ピアザにも一発が出た。観客は「これぞ、メジャー！」の魅力、迫力を十二分に満喫したことだろう。

MLBによるグッズライセンスのルールは意外(?)なことに「平等&公平」

日本初のMLB開幕戦は興行的にも大成功。この時点で早くも、今後もメジャー公式戦を定期的に招聘しようという話が持ち上がっていた。MLBサイドも世界戦略の一環として、興行以外にもグッズ収入等、マーチャンダイジングにおいても、日本は〝おいしい〟マーケットであったに違いない。

昭和の時代、一部の地域を除き、子どものかぶる野球帽といえば巨人一色だったが、野茂英雄が海を渡り、史上ふたり目の日本人メジャーリーガーになった1990年代後半あたりから、メジャーチームのベースボールキャップをかぶる日本人が目立ち始める。MLB関連グッズを扱う専門店が増え出したのもこの頃だ。ただし、ライセンス関係や広告表現、プロモーションなどの使用においては、厳しいルールが存在する。

日本開幕戦の公式プログラムはカブスのサミー・ソーサとメッツのマイク・ピアザ

が対峙する姿がメインビジュアルに、両雄の周りにはそれぞれのチームの投打の2選手が配されている。じつはこれもMLBから、「両チームを公平に、バランスよく扱ってほしい」という指示があったからだ。メジャーを代表するホームランバッターで、知名度が高いソーサをもっと大きく扱いたかったが、ピアザと比べてもほぼ同じサイズ。人数も両チームから3選手ずつ。チームや選手の一方を目立たせてフィーチャーすることはできないのである。これは「集団肖像」というMLBならではのルールだ。広告で扱うスペースも平等で公平、同じ大きさにしなければ許可が下りないのである。

こうした国外向けのライセンスはMLBI（MLBインターナショナル）がすべて持ち、日本での代理店IMG（インターナショナル・マネジメント・グループ）が管理・運営にあたる。球団ごとにグッズライセンスを管理する日本とは、対照的な座組みであったといえよう。球団個々による運営・管理では、マーケットを拡大しようにも限界がある。ヤンキースのキャップがアメリカ以外の国でも見かけられるのに対し、日本の球団のグッズなどが国外で見かけられないのは、その違いにあるといえよう。

長い目で見れば、NPBがライセンスを一括管理して、ビジネスを拡大していくという方法も、今後考えていかなくてはならない課題ではないだろうか。

ホワイトハウスの〝鶴のひと声〟で幻と化したイチローの凱旋

2000年（平成12）のMLB日本開幕戦が大成功に終わり、今後も定期的に開催していくことが決定された。「次回はぜひ、イチロー選手が所属するシアトル・マリナーズを呼ぼう」という話が出た。そして、最終目標はヤンキースの招聘だと当時、読売の石黒堯氏はおっしゃっていた。松井秀喜がまだヤンキースに移籍する前のことだ。

そんな中、03年（平成15）のMLB日本開幕戦開催が正式に決まった。主催は読売新聞社、試合は3月25、26日。東京ドームでマリナーズ対オークランド・アスレチックス戦という、ともにアメリカンリーグ西地区に所属するチームどうしのゲームだ。

冠スポンサーは00年に引き続いてam／pmに決まっていたが、前回と違って他の協賛社獲得には苦戦を強いられることになる。

読売ジャイアンツの長年のスポンサーである伊藤ハム、MLBの公式スポンサーだったマスターカード・インタナショナル、それにエプソン、コナミスポーツ、小学館までは決まったが、その後はすんなりとはいかなかった。広告セールスが芳しくなく、「もしかしたら、ギャランティする額に届かないかもしれない……」という危惧を抱いていたところであった。すると何と信じられないことに、日本での開幕戦開催自体が、暗礁に乗り上げてしまったのだ。

ご記憶の方も多いと思われるが、それは、アメリカとイラクの緊迫した関係がピークに達し、「イラクが大量破壊兵器を保有している」として、アメリカが武力行使を示唆したタイミングだったからだ。一触即発状態に、アメリカ国内外の航空路線は厳戒態勢が敷かれた。

02年（平成14）日米野球は、「9・11同時多発テロ」の余波が心配される中、紆余曲折を経て何とか無事に開催された。しかし、今回は状況が違っていた。3月17日、アメリカが武力行使に踏み切ったからである。そして、MLBの選手らが乗った飛行機は、テロの格好の標的になる可能性があった。

03年の日本でのメジャー開幕戦はすでに世間一般にアナウンスされ、am／pmでは年末からキャンペーンを展開。開催も押し迫った1月末頃、電通としても、正式に中止の通達が来ない限り、セールスをやめるわけにはいかなかった。だが、「もしかしたら中止になるかもしれない……」。そんなイベントにセールスを強化していくことに、どこか無理があったのをいまでも記憶している。何度もスポンサーにカスタマイズした企画書を作成したが、どこかに〝違和感〟があった。

開催間近の3月18日、MLBコミッショナーであるバド・セリグがホワイトハウスから正式に中止を通達される。結局、MLB日本開幕戦第2弾は幻に終わった。

中止の判断が下されて以降、関係者は事後処理に追われた。冠協賛をしていただく予定だったam／pmは、甚大なダメージを被った。それでも社長の秋沢氏は「仕方がないよ……」といってくださった。チケットプロモーションでの当選者への謝罪、入場券の払い戻し作業、さらにはフランチャイズのオーナーに対するお詫び等々、本当にご迷惑がかかってしまった〝極まりない〟状態であったにもかかわらずだ。

テレビ局やわれわれ電通も大損害を被ったが、主催者の読売新聞社の損害も甚大であった。招聘費用は前回の約10％増の上、開催中止には、ただの1円も補償はない。日本側の全額負担だ。物事を契約する際、条項の最後のほうに「天変地異、戦争、紛争等の不可抗力による中止は補償の対象にあたらない」といったような項目があるが、このときはまさに〝戦争〟が理由で適用されることになった。平和日本では極めて稀な事例であったといえよう。

03年当時、マリナーズではイチロー、佐々木主浩、そして長谷川滋利《はせがわしげとし》と、3人の日本人メジャーリーガーが活躍していた。日本で行われるMLB公式戦で、初めて日本人選手が出場するという意味では、ファンの期待はさらに高かったと思う。ファンの気持ちを思えば、実現に至らなかったことは残念でならなかった。

私の手元には〝幻の開幕戦〟の公式プログラムがある。マリナーズ、アスレチックス、それぞれのチームから各3選手が表紙を飾っている。右手でバットを立て、左手でユニフォームの右肩をつまみながら構える、おなじみのポーズのイチローが中心に配されている。

彼が一番目立つようなデザインにはなっているが、他の5選手とほぼ同じサイズだ。こちらとしては当然ながら、イチローや佐々木をもっと大きく扱いたかったのだが、MLBから許可が下りなかった。前述したMLBの「平等&公平ルール」のためである。何とか少しでもイチローが目立つようにとデザインに工夫をこらして、やっと完成したと思ったら、大会そのものが〝お蔵入り〟になってしまった。

2003年開幕戦中止のリベンジは「松井のいるヤンキース」招聘でキマリ!

2003年(平成15)の日本開幕戦は、直前になってやむなく中止。04年(平成16)開幕戦についてはMLBサイドに対して、日本側が優位に立って交渉を進めることができ、かつ、MLBもそのことを厳粛《げんしゅく》に受け止めてくれた。主催者の読売新聞社、電通のリクエストは「ニューヨーク・ヤンキースの招聘」だった。

前回の中止で被った主催者やスポンサー、電通などの損失は契約上、MLBによって何ら補償されるものではない。MLBにも〝後ろめたさ〟があったのか、話はことのほかスムーズに進んだ。しかも、ヤンキースが日本に来るにもかかわらず、招聘費用も抑えられるようになった。

松井秀喜が所属するヤンキースの来日が実現すれば、興行も大ヒット間違いないという確信もあった。日本球界を去ってからも、国内では依然、〝松井人気〟には根強いものがあったからだ。

確かに、メジャーで十分な実績を残しているイチローの人気も不動である。しかし、広告会社の目線からすると、04年時点では松井は誰もが親しみやすい雰囲気を持っていることに加えて、ホームラン打者という、何よりも見る者にスカッとさせる魅力を持つ存在に映っていた。もちろんイチロー人気は高かったが、彼が〝万人受け〟するようになるのは、リーダーシップを発揮して日本の初優勝に貢献した06年（平成18）WBC（ワールド・ベースボール・クラシック）以降のことではないかと分析する。

開催日は04年3月30、31日に決定。ヤンキースの対戦相手はタンパベイ・デビルレイズ。開幕戦に先立って28日はデビルレイズ対阪神タイガース、読売ジャイアンツ対ヤンキース、29日にはヤンキース対阪神、巨人対デビルレイズという計4試合の「プレシーズンゲーム」の開催も決まった。

このときのスポンサーセールスは、サブスポンサーへの打診はたくさんあったものの、冠協賛はなかなか決まらず、最終的にはリコーにお引き受けいただいた。

通常、イベントのセールスをするときは、大きな協賛社から決定させ、サブスポンサーはその次に決めるのがセオリーだ。後々競合社の調整作業が大問題へと発展することが多々あるからだ。

しかしながら、〝ヤンキースブランド〟の威光は予想以上にすさまじく、〝松井効果〟も絶大だった。事実、開幕2連戦のチケットも飛ぶように売れた。最も高額なチケットはバックネット裏「指定席S」で、2万5000円もしたが、即完売。新橋の某チケットショップでは、バックネット裏S席がペアで25万円という、超プレミア価格で売られていたと聞く。この開幕戦はそれほど人気が高かったわけだ。

このときのチケッティングについて参考にしたのは、サッカー方式の「プレステージチケット」の導入であった。これはワールドカップやUEFAチャンピオンズリーグなどでは当たり前ともいえるチケット販売方法で、プレミアム化が必至で入手困難なチケット販売において、資本主義経済だからこそ成立する手法といえよう。

例えば、主催者は販売権をある企業に売り、その権利を得た会社は、そのイベントのお土産《みやげ》（チケットホルダーや腕時計、Tシャツなどオリジナルの記念グッズ）とチケットをセットにして販売するものである。サッカーのワールドカップなどではベニュー（スタジアムや会場）ごとのセットや、国別セット（日本戦の3試合とか）などがあり、成功を収めている。

04年MLB開幕戦でも電通からはこの「プレステージチケット販売」を提案した。バックネット裏の席を細かく分け、特等席300席を10万円、その周囲を5万円、さらにその周りを3万円として、食事とお土産などを付ければ売れるのではないかと考えたからである。

しかし、主催者の読売サイドといろいろと調整した結果、この提案は実現には至らなかった。その代わり、2万5000円のS席を購入いただいた人には、開幕戦観戦記念の特製腕時計をプレゼントすることに決定した。文字盤にはヤンキースとデビルレイズのチームロゴがデザインされ、これがなかなかの好評を博した。

だが、その裏では〝ドタバタ劇〟が起こっていた。すでに納品されていた商品ケースにミスプリントがあったのだ。よりによって、冠協賛社の社名ロゴの部分である。そこで急きょアルバイトを雇い、東京ドームのバックスクリーン裏で、ケースのひとつひとつに訂正用シールを貼る作業を行った。S席すべてだから、おそらく3000個は下らなかったと思う。しかも、計2日分である。

これには本当にまいった。

冠スポンサーの広告の前でホームラン！やっぱり、松井秀喜は〝持ってる男〟

2004年（平成16）MLB日本開幕戦の冠協賛は、デジタル複合機やプリンターなど、画像機器を中心に事業展開するリコーである。リコーといえば、東証1部上場、日本を代表する超優良企業だ。しかし、である。

「うちのお父さんはトヨタに行ってるんだ」「パパの会社はサントリーだよ」といわれれば、どんな会社なのか子どもでもわかる。一方、「お父さんが勤めているのは、リコーです」といわれても、どんなものを売っているのか、いまひとつピンとこない。

その理由には、リコーは、個人や一般消費者向け（BtoC）というより、企業間取引（BtoB）が中心の企業であるという点が挙げられる。

だが、この開幕戦をきっかけに「うちのお父さんの会社がヤンキースを呼んだんだ」ということで、社員の子どもたちの間でもちょっとした自慢になったという話が、リコー上層部にもフィードバックされてきたそうだ。また、家電量販店などではそれまで、デジカメのシェアでは他社の後塵を拝していたが、「ヤンキースの試合やるんだって？　凄いねえ」「今度おたくのデジカメ、持ってきてよ」と仕入れ担当者から声がかかるようになったという。ヤンキースの話題がきっかけで得意先との会話が弾めば、社員の士気も上がる。当然、売上げにも好影響が表れた。そのようなことを、当時の専務、松本正幸《まつもとまさゆき》氏からお聞きしたのであった。

03年（平成15）開幕戦の冠を予定していたam／pmの秋沢志篤社長と大沢一郎《おおさわいちろう》専務、電通では私が、リコーの桜井正光《さくらいまさみつ》社長のもとへ出向き、秋沢社長が「桜井社長、一緒にやりませんか」と直談判された。

「面白そうだ。考えてみましょう」という返事をいただいた。感触は悪くなかった。忘れもしない03年12月24日、桜井氏から正式に承諾が下り、冠スポンサーがこうして決まった。まさにビッグなクリスマスプレゼントになった。後日談ではあるが、リコーは04年3月、当時の月間売上げ新記録を樹立されたそうである。広告会社にとっても、これほど嬉しいことはない。桜井社長の英断に感謝するのみである。

冠協賛が決まり、早速、開幕戦ロゴの作成に取りかかることに。冠スポンサーのロゴを組み込んだデザインをMLBにプレゼンした。ポスターやチラシ、看板には「RICOH」のロゴは入ったが、ライセンスグッズには入ったり入らなかったりと、統一されていなかった。

本来、大会のロゴというのはひとつのはずだ。しかし、MLB側の「ライセンシング契約」という別の都合でロゴを変えられてしまっては「本当の大会ロゴはどれ？」ということになる。事実、過去何度も揉めたことがあった。高いお金を払って冠協賛していただくのに、マーチャンダイジングの段階で企業ロゴを削除されてしまっては、何のための冠なのかという話になる。

例えば、日本で行われるMLBの大会であれば、MLBが作成したロゴの外側に、日本の冠スポンサーロゴを配したデザインにするのが一般的だ。しかし、外側に冠スポンサーのロゴを配すると、そこだけ外しやすくなる。

そこでこのときは、MLB作成のロゴ「OPENING SERIES MARCH 30-31」の中心部に「RICOH」の文字をしっかり組み込んだ。冠スポンサーのロゴが切り離されないよう、デザイン会社にお願いしたことが奏功した。

ヤンキース対デビルレイズ戦のテレビ中継の平均視聴率は、関東地区で第1戦は

15・3％、第2戦は14・0％と大健闘した。リコーは冠スポンサーなので、当然のことながら露出機会は多くなる。その比率は、18（9イニングの表裏）分の6。1回・5回・9回のそれぞれの表裏でバックネット回転式看板に、自社製品の「リコージェルジェットプリンター」の広告が掲出されることになっていた。ヤンキースの松井秀喜が第1号本塁打を放ったのが、まさに5回表。スポンサーはもちろんのこと、運営サイドの人間も大喜びしたのはいうまでもない。松井のホームランシーンは、その日の各テレビ局のスポーツニュースや、翌日のワイドショーなどで繰り返し流されることになる。そのたびに「RICOH」の看板が映し出された。その1週間の出来事を振り返る〝週間ニュース番組〟でも、さらに映像が流される。国民的英雄がホームランを放つ背後に自社製品の広告が映る。これ以上の効果的な宣伝はない。松井秀喜という男は、やっぱり〝持っている男〟なのである。

そして松井はこの開幕戦での最優秀選手に選ばれ、このときのMVPトロフィーは今でも石川県の小松空港近くある「松井秀喜ベースボールミュージアム」に飾られている。打ち合わせなどでミュージアムへうかがう機会が多々あるが、そのとき、このトロフィーを見るたびに、当時のことが鮮明に思い出されるのである。

松井秀喜を中心に〃世界〃は回る！ファンもスポンサーも大興奮の「ゴジラ狂詩曲《ラプソディ》」

たびたび登場する球場内の「回転式看板」について少し説明しよう。一般に「バックネット回転式看板」と呼ばれ、バックネットの下やバッターボックスのちょうど後ろあたりに設置された広告スペースのこと。テレビ中継時、視聴者の目が行きやすい場所だ。広告は専門のオペレータが動かしており、近年では印刷の技術もかなり高度になっているため、文字だけでなく、写真を使用するケースも増えている。

MLB日本開幕戦用に設置されたバックネット看板は、広告固定式の下部部分の看板と、上部の回転式という2段構造で展開した。通常、下部の固定式は「1試合いくら」でスポンサーへセールスし、上部の回転部分はイニングごとに売られていた。

この年のMLB日本開幕戦で松井秀喜は、2戦とも2番バッターで出場。第2戦はヤンキースが先攻なので、1回表には必ず彼の打順が回ってくる。しかし、その後は、どのイニングで打席に立つかはわからない。3者凡退で終わることもあれば、大量点を奪う回があるかもしれない。スポンサーは何イニングの看板枠を買えばいいのか、ある種、ギャンブル的な面がなきにしもあらずだ。

前項でも述べたが、まるで、冠協賛社の広告露出に合わせたようにホームランをかっ飛ばすあたり、松井秀喜という男は、スポンサーだけでなく、広告会社にとってもありがたい男だ、と思ってしまう。

一方、このMLB開幕戦シリーズでもっともテレビの平均視聴率が高かったのは、3月28日の読売ジャイアンツ対ヤンキース戦のプレシーズンゲームだった。MLB開幕戦を5〜6ポイント上回る20・5％（関東地区）。瞬間最高で何と27・1％をはじき出した。チケット収入もMLB日本開幕戦の2試合とまったく遜色なかったのである。

この試合の見どころは何といっても、古巣の巨人相手にヤンキースの松井がどこまで成長した姿を見せてくれるのか、日本人にとっては本当にたまらないストーリーが詰まった試合であった。好調な視聴率やチケット収入は、日本における松井秀喜の絶大な人気を証明した結果でもあった。

このとき「ぜひ協賛したい」と手を挙げた企業はかなりの数となった。「テレビに一瞬、映るか映らないかぐらいの、隅っこの小さなスペースでもいいから買いたい」との声もあまた。協賛料に応じてもらえるチケットは何枚、と決められており、各企業にすればインセンティブで使えるチケットが1枚でも多くほしかったのである。

いくら冠スポンサーでも「S席のチケットを全部ください」というわけにはいかない。S席、A席、B席、C席とあれば、当然、Sが少なく、1：2：3：4というようなローカルルールの比率を作って協賛社へ配布した。また、冠協賛社には「プラスアルファで、S席を○枚」という「優先購入権」を設定していた。チケットの買い上げは協賛社全体で、1万枚以上。各社、すべてがインセンティブに使われたそうだ。

ゲームのほうは、第1戦はヤンキース打線が湿りがちで、8-3でデビルレイズの勝利。MVPには6回裏に逆転打を放ち、守備でもファインプレーを見せたデビルレイズの内野手フリオ・ルーゴが輝いた。敢闘賞は同じくデビルレイズのトビー・ホール捕手が獲得。選手表彰を行うときは通常、勝ったチームからMVP、敢闘賞は敗れたチームから……というのが日本での常識だったが、同一チームから選出されるアメリカ式には驚かされた。

第2戦は11安打、4本塁打とヤンキース打線が大爆発。12−1で圧勝した。MVPはもちろん、ヤンキースの松井秀喜。5打数2安打1本塁打3打点の大活躍で、チームにシーズン初勝利をもたらした。敢闘賞はヤンキースのホルヘ・ポサダ捕手、ケビン・ブラウン投手の両名がそれぞれ獲得した。

驚いたのはマスコミの数。ヤンキースはやはり別格だった。2000年（平成12）のシカゴ・カブス対ニューヨーク・メッツのときとは比べものにならなかった。当時は日本のマスコミが7に対してアメリカが3といった割合だったのが、このときはアメリカが6、日本は4といった感じで、質疑応答も英語で交わされる場面が多かった。

アメリカのある記者から「日本にやってきたのは金のためか？」という趣旨の質問が飛んだ。

「われわれは与えられた場所でベストを尽くすだけだ。アメリカ国内の移動でも時差がある。それがたまたま、時差の大きい日本だったということだけ」

そう応じたデレク・ジーターの堂々とした態度はじつにカッコよかった。

パ・リーグ開幕と同日開催のMLB日本開幕戦
「観客を奪い合う……」の心配はご無用

大いに盛り上がったニューヨーク・ヤンキース対タンパベイ・デビルレイズのMLB日本開幕戦だったが、この年の日本プロ野球ではセントラル、パシフィックの両リーグが別々の日に開幕を迎えた。

パ・リーグは3月28日開幕で、MLB開幕シリーズともろにかち合うかたちとなった。一方のセ・リーグはヤンキースとデビルレイズが帰国した後の4月2日に開幕。熱狂的なパ・リーグファンから主催者側にクレームが寄せられたそうだが、東京ドームのスケジュールの事情などで、そこでしか開催できなかったというのが事の真相ではないだろうか。

もともとセ・パ分離開幕は、「両リーグ同時開幕だと観客を奪い合う」という理由で行われたもの。パ・リーグの意向があって、そうなったように記憶している。日本でメジャー開幕戦を行うにあたり、MLBがNPBの頭越しに、読売新聞社と交渉を持ったことに、違和感を抱いた方も少なくなかったかもしれない。

読売新聞社は、日本でのMLB興行のライツホルダー（権利者）である。戦前から大リーグ選抜を招聘するなど、実績をひとつひとつ積み上げていき、MLBとの信頼関係を築いていった。読売が日本における交渉窓口になるのはある意味、必然といえるだろう。もちろん、NPBには仁義を切り、各方面と調整を重ね、実行委員会で決裁したりと、必要な手続きはきちんとやってきた姿勢には、大会のセールスを行う広告会社の人間として、とても心強かった。

何より東京ドームが超満員になり、テレビの平均視聴率もゴールデンタイムで15％前後をはじき出したという事実は、それだけ期待していたファンが多かったことを物語っている。ファンのニーズを実現するのが、興行主催者の役目。逆にいえば、読売でなければ、あれほどの大成功は収められなかったと思う。

ところで、幻となった2003年（平成15）MLB日本開幕戦のイチローを中心にデザインされた公式プログラムと同様に、04年（平成16）は松井秀喜をもっと大々的に扱いたかった。この年のプログラムを実際に手にした方ならおわかりだと思うが、松井は、同じヤンキースのデレク・ジーター、バーニー・ウィリアムズ、マイク・ムシーナらとサイズ的にはほぼ同じ。中心に据えてはいるが、それほど目立っているわけではない。ただし、これが精いっぱいといったところ。

失礼を承知ではっきりいってしまえば、日本ではほとんど無名に近いデビルレイズの選手を表紙に持ってきても、訴求力は低いというもの。それでも「両チームを公平に扱ってくれ」というMLB側の要望には従わざるを得ず、デビルレイズの4選手も表紙を飾っている。

関連グッズに関しても同様だ。本音をいってしまえば、日本ではヤンキース関連のものしか売れないので、デビルレイズのグッズはあまり扱いたくない。しかし、「ヤンキースのグッズだけを作るのはまかりならない。取り扱いロットは両チーム同じにするように」というのがMLBの主張。「ヤンキースのベースボールキャップを1000個仕入れるなら、デビルレイズのも1000個仕入れなさい」という話だ。スポンサーが営業のインセンティブとしてチームロゴ入りタオルを扱うにしても、ロゴは両チーム同じ大きさでなくてはならない。売り場スペースもヤンキースばかり大きく割くのはNGだ。

00年、04年と、2回ともメジャー開幕戦は大盛況のまま幕を閉じた。そこで、「4年に一度はメジャーの公式戦を呼ぼうよ」という話になった。その後、08年、12年と実現して、現在は16年の開催に向けて、着々と準備が進められている。

日本のファンがいま、見てみたい日本人メジャーリーガーは、ズバリ、テキサス・レンジャースのダルビッシュ有《ゆう》とヤンキースの田中将大《たなかまさひろ》だろう。

ただし、7年間で1億5500万ドル（約155億円）という大型契約を結んだ田中については、期待はしたいが、年俸に見合った数字を果たして残せるかどうかがポイントだ。

最低でもシーズン15勝はしないと、ニューヨークのファンは納得しないだろう。超一流のピッチャーであることは間違いないが、WBCのとき、メジャー球と同じローリングス社製の滑りやすいボールになかなか慣れず、制球に苦しんだ苦い経験が田中にはある。いい滑り出しをしたので、引き続き頑張って、日本球界の代表として世界にその力を知らしめてほしい。

近い将来、メジャーを代表する投手として、堂々の実績を引っさげて日本に凱旋する姿を、いまはただ願うばかりだ。

ヤンキースの次は、前年のワールドシリーズ覇者レッドソックスでキマリ！

大成功に終わった2004年（平成16）のMLB日本開幕戦。しかしながら、「ヤンキースを呼んだのだから、次はもういいだろう」といったムードが、かかわった人たちの心のどこかにあったのではないだろうか。それは〝ヤンキース以上の結果は望めない〟という憶測と、成功したという達成感からきたものかもしれない。しかし、「もう一度、メジャーの公式戦を見たい」というファンの声がかなり大きかったため、「じゃあ次は、08年開催をめざそう」「ヤンキースが来たのだから、ライバル球団のボストン・レッドソックスを呼ぶしかないだろう」という話になったのが、06年（平成18）の第1回WBC（ワールド・ベースボール・クラシック）終了後、初夏の頃と記憶している。

前回の冠スポンサー、リコーでは次のMLB日本開幕戦も協賛すべきかどうか、社内で議論があったそうだ。というのも、04年開幕戦にご尽力いただいた桜井正光氏は社長から会長へ。そして、新社長には近藤《こんどう》史朗《しろう》氏が就任されるという異動があったためだが、最終的には近藤社長の新体制でもご理解いただき、冠スポンサーになっていただいた。

00年（平成12）以降の日米野球、メジャー開幕戦に多大な貢献をいただいたａｍ／ｐｍの秋沢志篤氏も、04年に社長から会長に就任。ａｍ／ｐｍも同年、焼き肉の「牛角」や居酒屋「土間土間《どまどま》」などチェーンストアを展開するレインズインターナショナルのグループ企業となるも、紆余曲折を経て、後にファミリーマートの完全子会社となる。

00年、04年のチケット取扱窓口だったコンビニエンスストアのａｍ／ｐｍが撤退したことで、ローソンが参入。ローソンチケットが新たな窓口となった。後に、09年（平成21）ＷＢＣのチケットも取り扱うことになるが、そういった先の動きを視野に入れた〝既得権〟獲得のための新規参入だったのではないだろうか。

06年オフには、西武ライオンズの松坂大輔がポスティングシステムで、レッドソックスへの移籍が決定した。そして、北海道日本ハムファイターズの日本一に貢献した左のセットアッパー、岡島秀樹《おかじまひでき》も、時期を同じくしてフリーエージェント権を行使して入団。両選手の活躍もまた、08年（平成20）日本開幕戦の実現に向けた要因のひとつになったことは間違いない。MLBサイドは当初、松坂、岡島の〝凱旋〟という付加価値を見越してか、かなりの招聘額を要求してきたが、最終的には「前回並みで」という話に落ち着いた。

こうしてレッドソックス対オークランド・アスレチックスの「08リコーMLB開幕戦」が正式決定。3月25、26日に東京ドームで2連戦が行われることになった。このときも〝ダブル冠〟の「アンブレラ」形式が採られ、読売ジャイアンツのオフィシャルスポンサーである伊藤ハムにも協賛していただいた。

開幕戦に先立ち、「08リコーMLB開幕戦シリーズ　伊藤ハムプレシーズンゲーム」と銘打って、巨人がそれぞれアスレチックス、レッドソックスとナイターでオープン戦を行っている。

また、この両日に阪神タイガースがレッドソックス、アスレチックスとデーゲームで2連戦を敢行。阪神戦のほうは、残念ながら準冠協賛社の獲得はならなかったが、「08リコーMLB開幕戦シリーズ　プレシーズンゲーム」として開催された。

メジャーデビュー年での松坂は15勝12敗201奪三振と大活躍。メジャー1年目での15勝&200奪三振はMLB史上5人目、日本人メジャーリーガーでは初の快挙となった。加えてレッドソックスは、07年（平成19）ワールドシリーズ覇者となる。松坂も、日本人初のワールドシリーズ勝利投手になっている。日本でのMLB開幕戦開催を前に、最高の〝お膳立て〟ができ上がっていたのである。

レッドソックス対アスレチックスの指定S席のチケットは1万8000円。前回のヤンキース来日時の2万5000円に比べれば、〝多少〟リーズナブルになった。

いざフタを開けてみると、東京ドームは2試合とも満員となり、前回のヤンキース戦に優るとも劣らないほどの盛り上がりを見せたのである。

ヤンキースのライバル球団であるレッドソックスは、さながら、日本における巨人に対する阪神といった関係だろうか。ファン気質も日本の〝虎党〟と共通点が少なくないものを感じた。ヤンキースが来日した開幕戦では、観戦者は日本在住のアメリカ人が多かったが、レッドソックスの場合は、アメリカ本土からわざわざ足を運んだファンが多数いたと聞いている。

08年開幕戦は、それほど熱狂的な雰囲気の中で行われたのであった。

松坂登板ゲームの視聴率は12・8% これは〝いい数字〟なのか、それとも……

公式プログラムやグッズ販売などで、特定の球団や選手に偏った扱いはしないよう、MLBには厳格なルールが存在することは前述した。しかし、主催者の読売や、電通サイドとしては、セールスの観点から少しでも人気チームや日本人メジャーリーガーを大きく扱いたい。特に2008年（平成20）のMLB日本開幕戦は、前年のワールドシリーズ・チャンピオンチームが来日するという、これほどの〝売り文句〟はない。いくらルールでも「ワールドシリーズ覇者なのだから、大きく扱っても不平等にはならないだろう」ということで、ダメもとでレッドソックスを中心にした表紙のデザイン案を提案したところ、意外にもすんなりとOKが出た。レッドソックスの選手たちが〝世界一〟の瞬間、歓喜に沸くシーンがメインのデザインに決まったのである。もちろん、これは例外中の例外だ。

過去2回の日本開幕戦と同様に、MLBのしきたりに準じて19時プレーボール。このときも「延長戦になったらどうするの？　18時開始でいいんじゃないのか」という声が上がった。試合が長引いて、観客が帰れなくなった場合への配慮のようだが、私はこの点については〝割り切る〟しかないと思う。

日本では、ナイターならだいたいが18時試合開始だが、19時プレーボールでもいいと私は思っている。18時スタートだと、会社勤めの人のほとんどが1回表から試合を見ることができない。ゲームが長くなりそうな場合でも、そこは観客ひとりひとりの自己責任で判断してもらえばいいのではないだろうか。終電に間に合わないと思ったら、たとえゲームの途中でも帰る人は帰るだろうし、時間に関係なく「ゲームセットまで応援するぞ」というファンだっているだろう。

さらにチケット販売の点でいうなら、試合が始まってからはイニングが進行するごとに、入場料金を安くしてもいいと思う。そのシステムを、アメリカでは実施している球団がある。日本でも一部の球団では「19時30分以降は割引」といった企画チケットが扱われているが、イニングごとや時間ごとにさらに細かく価格を設定してもいい。これだけインターネットやモバイルが普及、発達しているのだから、十分可能な話だ。

極端な話、まったく売れないよりも、たとえ300円、400円という〝激安チケット〟でも、球場内での飲食やグッズ購入でお客さんはお金を落としてくれる。日本とMLBでは、スタジアムと球団の関係が異なるから、簡単にマネはできないかもしれないが、日本のプロ野球の今後の発展を考えると、より時代にマッチしたスタイルに改革したほうがいいのは明らかだ。

ところで、チケット発売当初、なぜか「松坂大輔が第2戦に先発する」という噂が流れた。実際は第1戦の先発だったのだが、2戦目のチケットから売れていったという〝珍現象〟が起きている。

松坂登板となった開幕第1戦は、予想どおり超満員。松坂は5回を投げて被安打2、奪三振6、失点2とまずまずだったが、4－4で試合は延長戦へ突入。結果的に、5番手として登板した岡島が勝利投手となり、日本人メジャーの活躍が光った。

第2戦では松坂、岡島はともに登板はなかったものの、この日も満員の入り。始球式はこの年、1月に「プロ宣言」したばかりの、プロゴルファー石川遼《いしかわりょう》。プロ契約の際には私もお手伝いさせていただいた経緯もあり、始球式は彼の〝お披露目〟には恰《かっ》好《こう》のイベントになると考え、父親の石川勝美《いしかわかつみ》氏や読売サイドにも了承を取りつけ、実現に至った。始球式後はベンチ裏に案内し、この日登板のない松坂とゴルフ談議で大いに盛り上がり、お互いにサイン交換をしていた。とはいえ、石川はどちらかといえば、「野球よりはサッカーのほうが好き」なんじゃないかなあ、という気がする……。

04年（平成16）メジャー開幕戦に続いて、この年も東京ドームは満員、大成功のうちに幕を閉じた。一方で、テレビの平均視聴率は第1戦が12・8％、第2戦では7・8％（いずれも関東地区）と、〝松坂凱旋〟ながらも、予想を上回ることはできなかった。「興行収入と視聴率は必ずしも比例しない」というパターンが、このときも当てはまってしまった。松井秀喜がいたときのヤンキース戦はほぼ毎試合、NHKのBSで放送されていて、松井以外の選手にも馴染みはあったが、レッドソックス戦の放送は基本的に松坂の登板試合が中心。そのため、松坂や岡島以外の選手が、当時の日本では認知されていなかったのでは、という点が理由のひとつだと思う。それ以上に、松坂の登板が5回までだったことも大きな要因だろう。確かに彼が投げているときの瞬間視聴率は、まずまずの数字だった。だが、視聴率というのは番組全体でのもの。だから、彼が降板した後の6回以降、番組終了時までを合わせた平均となると、数字が上がらなかったのも不思議ではない。

目玉はイチローを含む和製メジャー3人と『マネーボール』ビリー・ビーン

ヤンキースの松井秀喜は2004年（平成16）に来た。レッドソックスの松坂大輔も08年（平成20）にやって来た。じゃあ次は、マリナーズのイチローしかいないだろう、ということになった。9年前には、マリナーズの日本開幕戦が水泡に帰したという経緯もあり、12年（平成24）の日本でのメジャー開幕戦は、マリナーズ対オークランド・アスレチックスに決定した。「シアトル・マリナーズのイチロー」を楽しみに待ち望んでいたファンは少なくなかったはずだ。

じつは、マリナーズを日本へ呼ぼうとなったとき、私は「1年前倒ししてでも、11年に呼ぶべきだ」と主張していた。イチローはマリナーズで1年目の01年（平成13）から10年（平成22）まで、10年連続で200安打を達成している。そんな「金字塔」を引っさげての〝凱旋〟となれば、これほど理想的なことはない。

私が主張していた〝前倒し〟の最大の理由は、アスリートの脚力の衰えは緩やかに訪れるのではなく、2次関数の曲線のように急激にやってくるという理由からであった。脚力が落ちれば、必然的に内野安打の本数が落ちていく。私自身、学生のときは体育会系の陸上部に所属していたので、その点はよくわかる。例外があるとすれば、陸上100メートルで32歳のとき初めて金メダリストになったリンフォード・クリスティ（イギリス）ひとりぐらいだろう。イチローは11年（平成23）オフに38歳になっていた。

これは本当に悲しい日本人の趨勢《すうせい》だと思えるのだが、シーズン200安打の連続記録が途切れた途端、「イチローのパフォーマンスは落ちた」という〝レッテル〟を貼りたがる。また、マスコミもそこを大々的に取り上げる。11年にも200安打の記録が続いていたらいいが、その保証はない。本意ではないが、日本開幕戦を12年まで待っていたら、セールス的にどうなるかという一抹の不安を抱いてしまったのだ。

だが、それは杞憂《きゆう》に過ぎなかった。イチローの人気は揺るぎなく、第1戦では5打数4安打1打点と、日本のファンの前で期待どおりの活躍を見せてくれたのである。

イチロー以外にもマリナーズには、岩隈久志や川崎宗則といった日本人選手がいた。

ＭＬＢ公式戦で日本人メジャーが３人同時に〝凱旋〟するのは初めてのことだ。

一方のアスレチックスは08年に続く2度目の来日だが、日本で馴染みのあるプレーヤーが少なかった。話題といえば、前年に公開された映画『マネーボール』。選手のデータを徹底的に分析して評価、戦略を練るアスレチックスＧＭ、ビリー・ビーン氏の存在ぐらい。チームとしては、やや地味なイメージは拭えなかった。

それでも入場者数は第1戦、第2戦ともに東京ドームは超満員。テレビの平均視聴率は2戦とも12％台に。岩隈が先発したプレシーズンゲームの読売ジャイアンツ対マリナーズ戦も月曜日のナイターで12・7％。これは08年ＭＬＢ日本開幕戦とだいたい同じ数字である。

近年、テレビの平均視聴率は全体的に下降傾向といわれ、10年代になると週間視聴率トップ30には12％台でもランクインするようになる。その実情を考慮したら、まずまずの数字だといえるだろう。

冠スポンサーは前回までのリコーに代わって、モバイル向けソーシャルアプリケーションの開発、運営を行っているグループスに名乗りを上げていただいた。前年から配信が始まったソーシャルゲーム『大熱狂!!プロ野球カード』はすでに３００万人以上の会員を有し、さらにこの年から『大熱狂!!メジャーリーグカード』の提供が開始され、MLB日本開幕戦の冠スポンサーになっていただくことは、ビジネス的にもまさにグッドタイミングだった。

開幕戦前日にホテルニューオータニで行われたウェルカムレセプションは、選手や関係者には大ウケだった。一番の見せ場は「すしざんまい」の木村清《きむらきよし》社長自らによる「マグロ解体ショー」。このイベントは大食事会&大撮影会となり、特に選手のファミリーは大喜び。300キログラムのマグロはまたたく間になくなった。余談だが、別件で木村社長には過去いろいろとお世話になっていた。このプランには木村社長から快諾をいただき、さらにこの開幕戦ではスポンサーにもなっていただいたのである。

10年（平成22）に日本初上陸のアメリカンレストラン「HOOTERS《フーターズ》」にもスポンサーになっていただいた。マリナーズ、アスレチックスにも、宿泊ホテル近くのTOKYO店（赤坂見附）を利用してもらうようお願いしようと考えていたが、すでに選手、球団関係者自らお店に足を運んでいた。

プレシーズンゲームでは、バックネット回転看板に「HOOTERS」の看板が出たとき、店内は大盛り上がりだったそうだ。

マー君、ダルビッシュ、それとも……2016年MLB日本開幕戦に凱旋するのは誰だ？

2012年（平成24）のMLB日本開幕戦でも、MLB側は「イチローを出すのだから……」と、相当な金額を提示。しかし、ヤンキースやレッドソックスなどに比べると、補償金は少なくていいはずだ。マリナーズやアスレチックスはそれほど〝高くつく〟球団ではない。結局、金額の交渉は落ち着くところに落ち着くかたちになった。

次回の日本でのMLB開幕戦というと、順調にいけば16年（平成28）となる。どこの球団が来るのかわからないが、ビジネス面で考えればやはり、第一候補はヤンキースだ。ただし、田中将大や黒田博樹《くろだひろき》、そしてイチローのそのときの状況にも大きく左右される。アメリカンリーグ屈指の好カード、ヤンキース対レッドソックス戦が日本で見られれば最高だが、もし要求すれば、MLBからはいままでとは比べものにならない金額を要求されることは必至だ。一方、今後ますますダルビッシュ有による〝凱旋登板〟を見たいという声は増えるはずだ。彼が所属するテキサス・レンジャースも招聘球団の候補に加わるだろう。

　14年（平成26）3月には、オーストラリア初となるMLB開幕戦が開催された。ロサンゼルス・ドジャース対アリゾナ・ダイヤモンドバックスの2連戦が、収容能力が5万人近いクリケット用グラウンドを一時的に改装して行われた。

　北京オリンピックが開かれた08年（平成20）には、ドジャース対パドレスのオープン戦がオリンピック会場のこけら落としとして北京で行われたが、盛り上がりはいまひとつだった。中国では五輪種目以外のスポーツへの関心はそれほど高くない。NBAで大活躍した姚明《ヤオミン》でも「オリンピックでメダルを獲得していない」ということで、中国国内では五輪メダリストよりも評価が低いらしい。野球は五輪競技から除外されたため、人気も下火。MLBが今後、中国へ力を注ぐことはあまりないと私は見ている。

　それよりも日本や韓国、台湾をはじめ、競技が野球に近いクリケットが盛んなオーストラリアやインドに、今後も積極的に打って出る可能性は高い。MLBはますます積極的に公式戦を〝輸出〟するに違いない。いずれにしろ、日本でメジャーのガチンコ勝負を生で見られるチャンスが増えるのである。

トム・クルーズが日本シリーズの始球式に登場！
世界の超セレブに選手たちも憧れのまなざし

始球式で一番印象に残っているのは2004年、西武ドームでの西武ライオンズ対中日ドラゴンズの日本シリーズ第3戦。ハリウッドの人気スター、トム・クルーズが〝登板〟したときのことだ。主演映画『コラテラル』のプロモーションの一環として実現。

当日はあいにくの雨と濃霧で、予定していたヘリコプターでの移動は中止となり、リムジンの前後はSPという7台編隊で現地に到着した。ハリウッドスターのプライドなのか、小雨に濡れながらも、人目につかない駐車場で約20分かけてキャッチボールし、きっちりウォーミングアップ。人を楽しませるプロフェッショナルとしての、彼の姿勢には驚かされた。マウンドに立つトムに、両軍ベンチからも憧憬と羨望が入り混じったまなざしが向けられたが、その表情は直後に大事な戦いが控えているとは思えないものだった。

私が、仕事上で有名人とツーショットを撮ったのも、あのときが最初で最後だ。

第3章

WBC編：夢とビッグビジネスを生み出したSAMURAI JAPAN

第1回大会開催前の認知度は「WBC？ ボクシング？」だった

「サッカーワールドカップの〝ベースボール版〟をやろう」という話は、以前からアメリカ国内でもあった。2002年（平成14）にはMLBがすでに詳細なプランを持っていたようで、04年（平成16）の日米野球が終わったあたりから、日本サイド（NPB、日本プロ野球選手会、読売新聞社）にも具体的な話が持ちかけられた。

野球の国際大会といえば、オリンピックやIBAF（国際野球連盟）主催のワールドカップはすでにあったが、基本的にメジャーリーガーは参加していない。そこで、「メジャーリーガーが出場する〝真の国別対抗戦〟」というコンセプトのもと、WBC（ワールド・ベースボール・クラシック）が誕生する。オリンピックやサッカーワールドカップは4年に一度、偶数年に開催されるので、WBCも「4年に一度の奇数年でいこう」となったが、それでは第1回大会が05年（平成17）になるため、あまりにも準備期間が短い。そこで、第1回だけは06年（平成18）に行い、次は09年（平成21）、あとは4年ごとに開催と決められた。05年7月、MLBオールスター戦が行われたデトロイトのホテルのラウンジで、WBCI（MLB内にあるWBCの運営組織）の責任者ポール・アーチ氏とMLBジャパン代表ジム・スモール氏に対して交渉に臨んだ。マーケティング権と放送権の獲得はビッド（入札）であったため、「われわれはこの条件で、この金額までなら出せます」という交渉を行っていた。別のテーブルでは、博報堂が交渉に向けて待機していた。

われわれ電通がここで死守したかったのが、他国の広告会社やアメリカ国内のエージェントなども狙っていた、日本代表ユニフォームの袖やヘルメットの〝選手広告〟。彼らは放送権にはまったく興味を示さない。ましてやマーケティング権についても、看板広告などは効率が悪いからと、これも関心がない。結局、これまでのMLBとのパイプの太さから電通が放送権、マーケティング権ともに落札することができた。

オールスターが行われた7月12日、日本とキューバを除く14ヵ国の代表が出席した大会開催の記者会見が開かれ、「WBC」の大会名称が発表されていた。しかし、日本は、参加の回答期限の05年6月末を切っても、NPBと日本プロ野球選手会の調整がなかなかつかず、正式には参加を表明せず、本当に残念でならなかった。

NPBも、最終的には選手会が折れてくれるだろうと見込んでいたのではないかと思う。しかし、広告会社のスポンサーセールスという視点からすれば、日本の参加表明が遅くなった分、ビジネスチャンスは多少なりとも逸した感があった。ましてや初開催だけに、少しでも早く作業に取りかかりたかった。当時、セールスの先々で「WBC？　ボクシング？？」という程度の認知度しかなかったからである。

じつは、日本プロ野球選手会のホームページでは現在も、収益分配の不平等などがうたわれている。初回大会開催前のボードミーティングでMLBは、日本野球機構、選手会に対して大会への出資を打診した。しかし、大会が失敗に終わった場合のリスクを考えて、両者ともこれを断っている。その経緯を知っているわれわれからすれば、リスクを拒みながら権利を声高に叫ぶ姿勢には違和感を覚えた。極端な話、マーケティング権がほしければ、WBCIから権利を買い取ればいい。MLBは、大きな収益を得る代わりにそれ相応のリスクを背負って開催までこぎ着けた。電通も権利料を払っている関係上、スポンサーが集まらなければ、無傷ではいられない。

マーケティング権と放送権を買い取った電通としては、ニューヨーク・ヤンキースの松井秀喜とシアトル・マリナーズのイチローの出場をMLBに強く求めることにした。ただし、決定権があるのはMLBサイド。結果的に松井は不参加だったが、イチローは05年内に参加を表明してくれた。じつは、イチローも不参加だったら「権利料はもっと安くしてくれ」という交渉はするつもりでいた。

電通は、オリンピックやサッカーワールドカップに携わる世界唯一の広告会社として、WBCは死守しなくてはならない、という強い思いがあった。「儲かるからやる、儲からないからやらない、のではなく、これだけの規模の国別対抗戦は初めてなのだから、野球界の発展のためにもわれわれは名乗りを上げるべきだ」と考えたのは、まぎれもない事実。一方で、日本では見向きもされなかった頃からMLBの放送権を購入し続け、かつ、大会のギャランティもしている。だからこそ、ボードメンバー（取締役会のようなもの）への参加も強くこだわった。

とはいえ、広告会社という一私企業が大会運営委員会のメンバーに名を連ねるのはいかがなものかという〝物言い〟がつき、ボードメンバーには入ることができなかった。そのため、後にマーケティングルールの点で苦労を強いられることになる。

WBCサイドの〝後出しジャンケン〟攻撃に四苦八苦「だったら、先にいってくれよ」

いまや、屈指のビッグスポーツコンテンツへと成長したWBCだが、開催前は、WBCが成功するかどうか誰にもわからなかった。当然、スポンサーセールスは困難を強いられることになった。

そんな中でアサヒビールは、キリンビールがサッカー日本代表を支援しているのに対して、「うちは野球を応援したい」という姿勢を以前から打ち出し、すぐにスポンサーへ名乗りを上げていただいた。また、NPBのスポンサーであり、野球には深い理解があるコナミにもスポンサーになっていただいた。第1回大会では日本代表のユニフォームの袖はアサヒビール、ヘルメットはコナミのロゴがそれぞれ入った。

オリンピック、サッカーのワールドカップをはじめ、大規模なスポーツイベントでは大会ロゴやスポンサーの企業マークの使用に関するルールが細かく決められている。

ロゴのサイズからカラーリング、使用される場所に関する「ロゴ規定」というルールに従い、各スポンサーは自社の広告で大会ロゴを利用したり、与えられた権利内で最大限の効果が望める露出の仕方を考える。だが、初めての開催ということで、WBC側はそこまでの細かい規定が確立できていなかった。明確なルールがない以上、スポンサーとしては、やはり自社のロゴをできるだけ大きくしたいのは当然のこと。

「ヘルメット広告のサイズはできるだけ大きく」といった旨を電通はWBCサイドにリクエストし、作業していたが、途中から「WBCの大会ロゴ（グローバル・ベースボール）を絶対に付けないとダメ」などとルール変更が降ってきた。

ヘルメット広告は当初、5センチ×10センチでOKをもらっていたが、途中から3センチ×4センチに変更させられ、さらにその右上に大会ロゴを必ず付けるようにオーダーしてきた。先方から事前に何もいってくることはなく、日米野球やMLB日本開幕戦ではサイズに関してフリーだったのに、だ。こちらとしてもそういった経験則に基づいて作業を進めていた。いくら初開催といえども、「だったら、先にいってくれよ」という思いでいっぱいだった。

広告看板についても「スポンサーだけではなく、WBCのロゴをからめたデザインにするように」と急にいってきたりした。普通、看板は自由にできるので、「いま頃いわれても」という話になる。〝後出しジャンケン〟もいいところだ。だが、それもまったく理解できないわけではなかった。作業が進むうちに、主催者側もいろいろなアイディアが浮かんできたのだろう。初回だから、まずは大会のマークを世界中に浸透させ、統一したイメージを持たせたかったのではないか。長い目で見ればわからなくもなかった。絶対に、こういった地道な活動がコンテンツの価値を高めていくからだ。広告出稿に関して、そんなドタバタがあったのが2006年（平成18）の大会であった。

第1回大会は、第1ラウンドから決勝戦まで全39試合。第1ラウンドはプールAからDまでの4ブロックに分かれ、総当たりのリーグ戦が行われた。日本代表はプールAに属し、中国、台湾、韓国と熱戦を繰り広げた。この「アジア予選」という位置付けのリーグ戦6試合を、〝地域限定〟でスポンサードする企業を「リージョンスポンサー」、大会全体をサポートする企業を「ワールドワイドスポンサー」と分けた。

電通は、第1ラウンド・プールAの6試合を除く33試合について、アジア地域で流す放送権と、ワールドワイドスポンサー獲得の権利をWBCIから購入。さらに、日本、台湾、中国各代表のユニフォームの袖とヘルメットへのマーケティング権もプラスして買い取っていた。韓国には、WBCIが「直接権利を売りたい」としていたので、そこにはノータッチだった。

東京ドームでの〝アジア予選〟全6試合の興行、マーケティング、放送の3つの権利を取得したのは読売新聞社。電通は後に、読売からマーケティング権と放送権の両方を購入した。というのも、第1ラウンドと第2ラウンドで競合企業どうしがスポンサーに名を連ねないようにするためだ。極端な話、予選はA社がスポンサードしたのに、本戦の協賛は競合のB社になるといった事態を防ぐ意図があった。

放送権についても、第1ラウンドの韓国戦と第2ラウンドのアメリカ戦、さらには決勝戦をパッケージで売るといったフレキシブルなセールスが電通は可能となり、ビジネスチャンスもそれだけ広げることができた。一方の読売にとってもWBCから仕入れた放送権とマーケティング権が確実に売れるのだから、悪い話ではない。

結局、電通はWBCIと読売の両方から権利を仕入れたので、その額は莫大となり、07年（平成19）大阪世界陸上にも匹敵するほどの金額に膨らんだ。世界陸上は2年かけてのマーケティング作業だったのに対し、このときは半年弱で同額を集めなくてはならなかった。あらゆる意味で、WBCは破格の案件となったのである。

アサヒビールのユニフォーム広告が「Asahi SOFT DRINKS」になったワケ

ここ最近はだいぶ緩和されたが、つい十数年前までアメリカでは、CMでメジャーリーガーがビールを飲むシーンなど絶対に認められていなかった。アルコール飲料のCMについてはかなり厳しい制約があったのである。

第1回WBCの時点でも、まだその風潮は残っていた。そのあおりを一番受けたのが、アサヒビールだった。同社のカテゴリーは「リージョンスポンサー」で、同時に日本国内の冠スポンサー、日本代表のチームスポンサーでもあった。日本代表ユニフォームの袖には、「Asahi」のロゴマークが縫い付けられていた。電通は中国、台湾チームの選手広告のマーケティング権もあり、両チームのユニフォームへの広告出稿も提案したが、「わが社は日本代表を応援しているので、ライバルチームへの出稿は差し控えたい」として、改めて、日本代表のサポートという立場を鮮明にされた。

日本代表は第1ラウンドを2位で通過し、無事、アメリカでの第2ラウンド進出を決めるが、ここで予期せぬアクシデントが頻発することになる。

まず、袖のスポンサーロゴにWBCIサイドから〝クレーム〟がつく。「Asahiはビールのメーカーだ」と。まさか、この時点でそういわれるとは予想だにしなかった。アサヒは、ビール以外にもジュース、缶コーヒー、炭酸飲料など、ソフトドリンクも扱っている。苦肉の策として、「Asahi」のロゴの下に「SOFT《ソフト》DRI《ドリ》NKS《ンクス》」と新たに加えたロゴマークを作成。私の当時の部下、西村恵子《にしむらけいこ》が裁縫道具を持ち込み、選手のユニフォームの袖に一枚一枚、手縫いでロゴを差し替えるという作業を日本代表のキャンプ地、アリゾナで行った。ルールなのだから仕方のないこともあるが、もう少し前に通達してくれれば違った対応策があったかもしれなかった。

広告看板についても、ひと悶着が生じた。オリンピックやサッカーのワールドカップでは「クリーンベニュー」という大原則がある。会場や競技場（ベニュー）内にある既存の広告看板をいったんすべて撤去して、クリーンな状態にする決まりになっている。準決勝、決勝が行われたサンディエゴのペトコパークも、いったんはクリーンな状態にして、そこからテレビに映る場所には、ワールドワイドスポンサーの広告看板が入ることになっていた（はずだった）。

しかし、いきなりその枠に、アメリカのリージョンスポンサーである大手ビールメーカーの広告看板が入ってきた。事前告知がない上に、「ここはMLBのメインスポンサーだから」の一点張り。まったく筋が通らない。コナミやニコンにもワールドワイドスポンサーになっていただいた手前、この件はさすがに抗議せざるを得なかった。それもこれも、マーケティングの統一ルールが確立されていなかったせいである。

さて、波乱の連続で、苦労の末につかんだ決勝。いよいよ、日本代表の〝シャンパンファイト〟が現実味を帯びてくると、準決勝で韓国を下した時点で、アサヒから「ビールかけはできないのか」という問い合わせが寄せられた。アサヒはロサンゼルスの支店でかき集めたビールをサンディエゴまで運ぶつもりでいたが、WBCサイドからは「ビールはNO！」。MLBの慣例にのっとり、「シャンパンでやる！」ということなのだ。その事態を当時アサヒビールの営業担当部長だった私の同期に伝え、何とかシャンパンを用意するように掛け合ったが、ダメだった。そして、WBCIが用意していたのは、何とライバルのビール会社がライセンスを持つシャンパンだった。

だが、電通の人間としては、このままでは済ませられない。私と西村は、5回表に球場スタンドでMLBジャパン代表のジム・スモール氏と待ち合わせた。関係者以外立ち入り禁止の選手控室まで、彼の先導で通してもらうよう、無理やり頼み込んでいたのである。ジムもまた、〝日本の事情〟をよくわかってくれ、協力してくれた。目的は、ひとつ。選手控室でシャンパンボトルのラベルを剥《は》がすことだった。しかし、これがなかなか簡単に剥がせない。もちろん、〝オキテ破り〟もいいところだ。

試合は6回表を終わって6−1で日本がリード。「ヤバイ、ヤバイぞ。これは間に合わない！」。そこで急きょ、〝作戦変更〟。ラベル部分をマジックで黒く塗りつぶすことにした。西村は、「こんなふうになります」という〝報告〟の画像とメールを担当に送信した。至急アサヒサイドにも確認してもらい、作業続行。本当に綱渡りの連続であった。

私は私で、他の仕事もあるので、その場を離れなければならない。残りを託された彼女はIDを持っていないため、いったん部屋を出たら戻ることができない。トイレにも行けず、彼女はひとりでひたすらラベルを黒く塗りつぶしていた。作業はギリギリ間に合った。

試合後に見せた西村の涙は、日本の優勝だけが理由ではなかっただろう。

MLBの本音は「アメリカが決勝まで行かなければ困る」だった(?)

記念すべきWBC初代王者となった日本代表。一方では、対戦表の組み合わせを見て、戦前から〝あること〟を読み取ることができた。

第2ラウンドのプール1(韓国・日本・メキシコ・アメリカ)とプール2(プエルトリコ・キューバ・ドミニカ・ベネズエラ)を勝ち上がったそれぞれ2チームは、普通は〝タスキがけ〟方式で準決勝を戦うことが多い。しかし、実際は同じプールどうしが準決勝で戦うことになっていた。おかげで日本代表は、3回も韓国と顔を合わせることになる。日本は結果的に、決勝戦へ駒を進められたからよかったものの、そこにはアメリカの意向が大きく働いていたのではと推測される。

準決勝を〝タスキがけ〟方式にしなかったのは、第1ラウンド・プールBから勝ち上がったアメリカが、「実力一番」といわれていたドミニカや、キューバとの対戦を避けたかったからだといわれている。さらにいえば、キューバチームにはアメリカ本土の土を踏ませたくなかった。願わくば、プエルトリコで行われた第2ラウンド・プール2で敗退してほしい。それが、アメリカの本音だったのではないだろうか。キューバの選手がアメリカ本土を訪れたら、亡命などの政治的問題が起きかねない。もし直接対決でアメリカが敗れ、さらには優勝賞金まで持っていかれたら、アメリカ国内はどう思うのか。そういったさまざまなことを考慮した組み合わせだと思うのは邪推だろうか。

おそらく、アメリカの〝青写真〟はこうではなかったか。プール1を勝ち抜き、準決勝に進むのは自国アメリカと日本。別に韓国でも構わない。とにかく日韓は、プール2の勝者よりもくみしやすい相手であると踏んでいたことは確かだ。われわれへの事前のセールストークでも「第2ラウンドと準決勝で、日本もアメリカと2回対戦できたほうが、視聴率的にも興行的にもおいしいでしょ？」といった言葉が実際にあった。しかし、その裏には別な意図があったような気がしてならなかったのだ。

加えて、われわれが主張していたのは3位決定戦の実施だった。ワールドカップでも行われている。しかし、WBCサイドはあっさり却下。大会終了後、すぐにオープン戦に突入するため、選手たちに負担はかけられないというのがその理由だった。

第2ラウンド・プール1のアメリカ戦。3-3の同点で迎えた8回表、1死満塁で西岡剛《にしおかつよし》（千葉ロッテ）が3塁からタッチアップする。塁審はセーフとジャッジしたが、「ベースを離れるのが捕球より早かった」とのアメリカ側の抗議を受けた球審のボブ・デービッドソンは判定を覆し、アウトを宣告。日本の逆転のチャンスが潰《つい》えたシーンは、いまでも多くのファンの記憶に残っていることだろう。本国アメリカでも批判の声が沸き起こるなど、明らかな誤審であった。現在のMLBのように、ビデオ判定による「チャレンジ」が導入されるずっと前のことだ。

結局、日本は3-4でサヨナラ負け。続くメキシコ戦には勝利するが、韓国にも1-2で敗れ、誰もが準決勝を前に敗退と思ったはずだ。韓国は3連勝で文句なしに準決勝進出。日本代表は絶望感を抱えたまま、準決勝に向けて練習を始めてはいたが、「何のための練習……」とグチる選手もいたらしい。だが、奇跡は起こる。

すでに2敗のメキシコとアメリカの一戦で、またもボブ・デービッドソンが〝誤審〟。メキシコ選手が放ったライトポール直撃弾（実際は本塁打）を2塁打と判定。このジャッジで怒りが爆発したのか、メキシコが奮起して2-1と、世紀の大番くるわせが起きる。これにより、日本、アメリカ、メキシコの3ヵ国が1勝2敗で並んだが、大会規定による失点率の差で日本は辛くも準決勝へ駒を進めることができた。

日本が進出した準決勝第2試合をテレビ中継することになっていたのはTBS。関係者はファン以上に歓喜の声を上げたことだろう。この大誤審によって各局のワイドショーがこぞってWBCを取り上げ、世間の注目度も格段に上がった。

準決勝は現地時間で3月18日の土曜日、12時と19時に試合開始。日本時間ではそれぞれ、日曜日の19日朝5時と、正午のプレーボールになる。日本が勝ち進むことを前提に、プール1の試合は「19時にしてほしい」というリクエストを、事前にWBCサイドに出していた。なぜなら、正午のほうが早朝より視聴率が取れるからだ。

第2ラウンドでのアメリカ戦も、日本は第1ラウンドを1位通過すると見込んで現地時間の12日20時、日本時間では月曜日13日の13時をもくろんでいた。2位通過になれば、プレーボールは13日の早朝6時になり、視聴率に影響が出てしまう。結果的に日本は2位通過。われわれの思惑は完全に外れて、放送時間は早朝になってしまった。

そういう意味では、WBCをはじめとするビッグスポーツイベントの交渉には常に、ある種の〝賭け〟が付きまとうのである。

日本が勝てば勝つほど広告枠争奪戦は激化　なんと、大会終了後にもスポンサーがつく

第1回WBCのワールドワイドスポンサーは全部で6社。そのうちの3社分のセールスを電通は任されたが、コナミ、ニコンの2社にお付き合いいただいた。リージョンスポンサーは電通が6社、セールスをした。アサヒビールはこのカテゴリーに入る。その他、看板広告だけといった細かい部分では何社でもメニューを作って売ってもいいということだった。本格的にセールスを始めたのは2005年（平成17）12月初頭から。メインのスポンサーはすぐに決まったものの、それ以外の売上げといえば正直、さっぱりだった。「メジャーも参加する初めての国別対抗戦ですから……」というセールストークも虚《むな》しく、興味を示してくれる企業は少なく、06年（平成18）2月21日、福岡のヤフードームで日本代表合宿がスタートするまでの約80日間で、目標金額の3分の1程度の売上げにしかならなかった。

その後、日本代表のエキシビションゲームを経て、東京ドームでの第1ラウンド、米国アナハイムでの第2ラウンドまでの20日間あまりで残りの3分の1の売上げ。私は準決勝から現地入りする予定でいたが、日本代表はアメリカ戦に続いて韓国にも敗れ、準決勝進出は絶望的。「日本戦は見られないのか」と失意のまま、日本を発とうとしていた。そんな矢先、「アメリカがメキシコに敗れた」という一報を耳にした。「日本が勝ち上がったぞ」。その瞬間から私のケータイは鳴りっぱなし状態。なんと2日間で、最後の3分の1の売上げが立ってしまった。それだけ、WBCは世間の注目を一気に浴びたのである。さらに「日本が準決勝で勝ったら、うちの広告、決勝だけでも何とかならないか」という問い合わせが殺到。あっという間に、テレビCMも含めてスポンサー枠すべてが埋まってしまった。こんなことはおそらく最初で最後だろう。

日本時間の3月19日、日曜日の正午から行われた準決勝、日本対韓国戦の平均視聴率は関東地区で、なんと36・2%。「決勝は凄いことになるな」。その予感は的中する。

決勝戦は中1日空いた現地時間の20日、月曜日の18時にプレーボール。日本時間では祝日の21日、午前11時だ。案の定、決勝前日はケータイの着信音が途切れることはほとんどなかった。ただし、こちらは時差の関係で真夜中だ。「こんな時間に勘弁してくれ」という状況で、ほとんど眠れなかった。「いまからでも間に合う看板はないのか」といった問い合わせがひっきりなしに来た。確かにバックネットのバーチャル看板なら、当日依頼されても露出は可能だ。広告看板は合成画像のはめ込みなので、例えば、日本向けの放映ではアサヒビールの広告が映っていても、アメリカではKONAMIが出ている、ということが可能なのである。しかし、その枠も満杯だった。

決勝戦でキューバを破って日本は劇的な優勝を飾り、世界一に輝いた。決勝戦の平均視聴率は祝日の昼間ということもあり、驚異の43・4％(関東地区)。瞬間最高視聴率は、日本が優勝を決めた直後の午後2時58分で56・0％(同)。

広告セールス的にも〝駆け込み需要〟がもの凄かったが、さらに驚いたことに、盛り上がりは大会終了後も続いた。なんと「大会終了後にスポンサーになりたい」という企業が現れたのである。オリンピックが終わり、メダリストにスポンサーがつくのはよくあることだが、終了したイベントに協賛したいというケースは、このときが初めてだ。

栄養ドリンクのユンケルでお馴染みの佐藤製薬から「WBC日本代表戦の映像を使ったCMを作りたい」という話が持ち上がった。電通がWBCIから買ったマーケティング権の期限は06年の9月いっぱい。その期間中なら、ロゴマークなどの使用はできる。「応援ありがとうキャンペーン」などが展開できるのも、こうした幅を持たせた使用期限設定があるからだ。WBCユニフォーム姿のイチローのCMやアドボードは、当時、かなり話題となった。また、急きょ制作したDVDも、10万枚近くセールスした。

放送権についても、年末年始の〝重大ニュース〟や〝今年の名場面〟といったニーズがあることを見越して、翌年の1月末日まで電通が保有していた。その甲斐あって、感動的なシーンが繰り返し放映されたのである。

ユンケルのCMでは、得点直後でイチローと岩村明憲が胸と胸を突き合わせ、体当たりするシーンが使われた。王貞治監督も映っていた。映像の使用に関しては細かい規定がある。選手の「集合肖像」は使えるが、明らかに特定の選手を大きく扱ったものは、ギャランティが発生したり、各方面に許可を取る必要がある。

ユンケルのCMは選手の集合肖像なので、手続き的には本人の承諾さえもらえれば問題はない。電通とWBCサイドとの契約にもそれは含まれていたからだ。

マーケティングの面でも波乱含みで幕開けしたWBCだが、フタを開けてみれば、スポーツコンテンツの持つ〝プラスの爆発力〟を改めて認識させられた大会であった。

紛糾する監督選びの中「野村監督＆オール和製メジャー」説もあった？

日本代表が優勝を飾ってWBC初代王者となり、WBCの認知度は飛躍的に上がった。しかし、それが2009年（平成21）第2回大会のスポンサーセールスに結びついたかといえば、必ずしもそうではなかった。

日本プロ野球選手会が第2回大会への出場表明をなかなか鮮明にしなかったことで、その分、セールスには少なからず影響が出ていた。本来なら、旧ヤンキースタジアムで行われた7月のMLBオールスター戦の時期に、現地で契約のディテールに入りたかったのだが、その時点でまだ日本の参加は正式に決まっていなかった。むしろ、日本の不参加を想定した話し合いすら行われたほどだった。

一方では、日本の参加を前提に、国内では誰を監督にするかが話し合われていた。一時は星野仙一氏が既定路線と見られていたが、当時、東北楽天ゴールデンイーグルスの野村克也監督が会議の席上、これに異を唱えたといわれている。星野監督で臨んだ08年（平成20）の北京オリンピックは、〃メダルなし〃の4位に終わった。加えて、イチローが「WBCは北京のリベンジの場ではない」と発言。世論による逆風もあり、星野氏は就任辞退を表明。最終的には、読売ジャイアンツの原辰徳《はらたつのり》監督で決定する。

監督選定については、北京オリンピック後の実行委員会から実質的に動き出したといわれているが、それよりも前に読売新聞社との打ち合わせのとき、非公式ながら意見交換が行われた。あくまで参考意見だが、われわれは野村克也氏の名前を挙げていた。それは、日米野球の指揮を執られたこともあり、「もし選手会が首を縦に振らなければ、野村監督がオール日本人メジャーリーガーチームを率いる、というのも面白いですね」といった話をしたように記憶している。

08年当時、日本人メジャーは17人。ピッチャーは松坂大輔、岡島秀樹（レッドソックス）、黒田博樹、斎藤隆《さいとうたかし》（ドジャース）ら9人。キャッチャーには城島健司（マリナーズ）がいる。松井秀喜（ヤンキース）、イチロー（マリナーズ）、井口資仁（フィリーズ）ら野手陣も充実。これに自主的に出場したい選手が加われば、全日本は十分に作れる。もし実現すれば、なかなかの〃ドリームチーム〃になったのでは、といまでも思っている。

第1回大会の反省を踏まえ、06年（平成18）12月、ニューヨークで行われたMLBとの打ち合わせの席で、電通はいうべきことはいわせてもらった。一番主張したかったのは、「マーケティンググルールをしっかり確立させよう」ということだった。一担当者の個人的な感情や主観で基準がコロコロ変わっていったのが前回大会だったような感じがしたからだ。

看板広告の設置や配置については、きちんとマニュアルを作り、みんなが共通の認識でやらない限り、不公平が生じてしまう。高額なギャランティを担保している電通をボードメンバーに加えてほしい、ということも強く主張した。このときも「一企業はふさわしくない」という前回と同じ理由で却下された。

その代わり、しっかりとしたマーケティンググルールを確立するための「マーケティング委員会」を創設し、そこに電通が入ってもらうのはウェルカムだという話は出た。しかし、結局、それもうやむやになってしまった。その他、3位決定戦の実施、長期スパンによる契約なども提案させていただいた。例えば、09年と13年（平成25）の本戦がアメリカで行われるのなら、第4回大会はぜひ日本で開催させてほしいと。

隔年開催の世界陸上では、マーケティング権と放送権において、電通は国際陸連と10年契約を結んでいる。つまり、5大会分をひとくくりにした契約だ。WBCもせめて2大会契約でやっていきたいというのがわれわれの意向である。そうでなければ、どうしてもその場しのぎ的な運営になりがちだからだ。

MLBとは丸々2日間、議論したが、こちらの意見はなかなか受け入れてもらえなかった。向こうにもメジャー30球団のオーナーや選手会の了承を得なければならない事情がある。「シーズン直前、日本みたいな〝ファー・イースト〟へ行って、選手たちが体調を崩したらどうしてくれるんだ」といったような反発も想定していたのかもしれない。

向こうの意見でこちら側が異を唱えたのは、「日本で、日本戦以外のゲームは観客が入らないだろう」という点だった。それは違う。アメリカ対ドミニカ戦のような試合であれば、間違いなく動員はかかるだろう。「クオリティの高い試合であれば、日本でも観客は絶対に集まる。だから日本でも開催しよう」といった話をした。そんな議論が奏功したのか、第3回のWBCでは第2ラウンドの日本開催が実現した。

いつの日か、準決勝、決勝も日本で開催される日が来るかもしれない。

ダブルエリミネーション方式に右往左往させられたテレビの視聴率

第2回大会の一番大きな特徴は、ダブルエリミネーション方式が導入された点だ。「エリミネーション」とは英語で「削除」「除去」の意味。簡単にいえば、「2回負けたら終わり」。さらにいえば「1回負けても、敗者復活戦がある」ということになる。

第1、第2ラウンドはトーナメントで戦い、負けたチームは敗者復活戦に回る。第1ラウンドのAからD、各プールの上位2チームが第2ラウンドに進出。そうなると、第1ラウンドのトーナメント決勝戦は必要ないのだが、試合数の関係上、実施されることになった。そのために、敗者復活戦も含めて、2009年(平成21)の大会では、日本は韓国と、じつに5回も対戦することになる。

また、準決勝は第2ラウンドの1組、2組をそれぞれ勝ち上がった上位2チームによる〝タスキがけ〟方式が採用されたのだが、そこにもアメリカの〝意図〟があったのではないかと思う。アメリカは第2ラウンド・プール2で勝ち上がるのは自国とドミニカと踏んでいた。〝タスキがけ〟だと、強豪のドミニカと2回対戦しなくて済む。それよりも日本や韓国、もしくはキューバと対戦したほうが、決勝に進出する可能性は高い。そんな思惑も見え隠れしていた(結果的にドミニカは第1ラウンドで敗退)。

われわれは、09年も第1ラウンド・プールAの日本が1位通過すると信じ、以後の試合もなるべく日本国内で多くの視聴者が見られる時間帯になるよう、現地での試合日時をWBCサイドへリクエストしていた。日本がこの組で1位通過すれば、第2ラウンド・プール1のゲーム2に来ることになる。すなわち、現地時間3月15日の20時試合開始。日本では16日、月曜日の正午だ。しかし、第1ラウンド決勝で日本は韓国に0-1で敗れて、2位通過。そのため、第2ラウンドはゲーム1に回された。現地15日の13時、日本時間だと16日の早朝5時だ。「正午のほうが、早朝よりも視聴率が取れる」という思惑は外れたが、「平日だし、差は少ないかも」と頭の中を切り替えた。

第1回大会では、ナイトゲームの開始時間がまちまちだったが、このときは日本が属する第2ラウンド・プール1は、基本的に現地20時プレーボールとなっている。これも電通からのリクエストが通じたようだ。現地の20時は日本の翌日正午。スポンサーや視聴者を考慮した上のことである。

準決勝に進んだチームは、プール1では日本と韓国。プール2はベネズエラとアメリカ。日本はプール1の決勝で韓国を6-2で下して1位通過となった。

これはあくまで広告会社の人間としての発想だが、プール1の1位通過決定戦で日本が負けていれば、準決勝は「セミファイナル1」となり、現地21日の18時に行われることになっていた。日本時間では22日の10時。日本では日曜日だから視聴率も取れるし、決勝戦の23日までは中1日空くため、選手は休養できる。1位通過だと「セミファイナル2」となり、現地22日の17時プレーボール。日本では月曜日の朝9時。週明けの忙しい時間帯で、世間はWBCどころではないかもしれない。しかも、日本は勝ち上がっても、連戦で決勝を迎えることになる。

さらに、マイアミで行われていた第2ラウンド・プール2は、日本のいるプール1より、日程消化が1日早い。18日に実施されたプール2では、ベネズエラに敗れたアメリカがこの組の2位となり、22日の準決勝は日本対アメリカに決まる。

イチローも確か「決勝戦でアメリカを破りたい」と発言していたと記憶している。アメリカと決勝戦を戦うのであれば、韓国とのプール1決勝戦はむしろ負けてもいいから、ピッチャーを温存してもよかったのではないか。ファイナルでアメリカを破って、2大会連続で世界一に輝く。そんな「筋書き」であれば、実際とはまた違った感動があったかもしれない。繰り返すが、これは広告会社の者としての発想である。日の丸を背負って戦う選手にとって、〝負けてもいい〟国際試合などあるはずもない。

アメリカとの準決勝は、先発の松坂大輔が5回2死まで投げて2失点の好投。その後は杉内俊哉《すぎうちとしや》、田中将大、馬原孝浩《まはらたかひろ》、ダルビッシュ有の継投でアメリカ打線を4点に抑え、打線は4回、岩村明憲のライトオーバー3塁打などで一挙5点を取り、このイニングで逆転。9–4で圧勝した。

そして、決勝戦は現地時間23日、月曜日のナイトゲームで韓国と5たび対決。試合は3–3で延長戦に突入した。10回表、2死2、3塁で、イチローが韓国の抑えのエース、林昌勇《イムチャンヨン》からセンター前へ2点タイムリーヒットを打ったシーンは記憶に新しい。劇的な勝利で日本代表はWBC連覇を成し遂げた。決勝戦が行われたのは、日本では平日火曜日午前の中継だったにもかかわらず、平均視聴率は36・4%（関東地区）。21時からの再放送でも12・6%と、WBC連覇でまさに〝祝賀ムード〟に包まれた。

街を「WBC一色に染まる媒体」にすることが2009年大会の課題のひとつ

2009年（平成21）の第2回大会では、MLBへのギャランティ額は、前回よりも若干上回ることになったが、その分、第1回大会にプラスして、韓国チームのスポンサー権も含めた契約を行った。その根底にあったのは、大会終了後、もともと世界陸上などで電通と交流があった韓国のサムスンや起亜《キア》自動車、LGといった企業がWBCのスポンサードに興味を示していて、「ぜひ、やりたい！」とまでいってきたからだ。08年（平成20）に不正資金疑惑が起こり、結局話は流れてしまうが、サムスンは乗り気だった。最終的には韓国のゲームメーカーが名乗りを上げてくれたが、このときのセールスもかなり苦戦を強いられた。

日本では、引き続きアサヒビールが日本代表をサポートすることに決まったが、コナミ、ニコンはワールドワイドスポンサーを降板。06年（平成18）は日本チームのへルメット広告に協力いただいたコナミだったが、広告のサイズが小さかったことや、もくろんでいたWBCのゲームソフト化権が米エレクトロニック・アーツ社に決まってしまったことが、大きな原因だったようだ。この件については、やはりマーケティンググルールが不明確だったことが要因と考えている。われわれからすれば、WBCサイドが勝手にゲームソフト化を決めてしまったとしか映らない。最終的にはコナミには回転看板、ニコンにはアメリカでのフェンス看板に、それぞれお付き合いいただいた。

アサヒビールはキャンペーンとして、6缶パックやビール缶にWBC戦士たちの肖像をデザインして販売した。アルコールCMへの選手起用はNGというMLBルールのもと、06年はこうした販促方法には許可が下りなかったが、09年ではやや軟化。ビールの化粧箱ならOKとなり、投打のヒーロー6選手の写真を並べたデザインとなっている。これも5～6人の集合肖像だから許可が下りたのであって、選手の単独起用はアルコール飲料のメーカーに限らず〝ご法度〟だったことだろう。

一方、ビール缶にはイラストが施されており、顔部分にも影を入れて、どの選手なのか判別できないデザインになっている（もっとも、プロ野球ファンなら判別できたと思うが）。アサヒとしては一本一本の缶に選手の肖像を使いたかったのだが、あたかも選手がアサヒビールと契約しているような印象を与えかねないとの理由で、単独使用はNG。イラスト仕様にしたのは、いわば苦肉の策だった。

日本チームのヘルメット広告が空席になってしまい、一時はどうなるかと思ったが、最終的に、日本マクドナルドに決まったときはホッとした。

日本マクドナルドは短期間にもかかわらず、大々的なキャンペーンを展開。「世界をつかもう」と銘打った応援キャンペーンを張り、ヘルメット広告にも掲出。期間中は「勝って勝って勝ちまくれ」「デカイことやろう」といったキャッチコピーが躍るクリアファイル8種類を全店舗で配布。その枚数は2000万枚ともいわれた。そんなロットを急きょ印刷するため、日本中の受注可能な工場という工場に発注をかけ、超特急でキャンペーンに間に合わせたと聞く。

日本代表がV2を果たすと、「世界をつかんだ」バージョンのテレビCMをその週の週末2日間限定で流し、ハンバーガーを特別価格で販売した。3月28、29日の土日2日間の売上げは、マクドナルド社日販の最高記録を更新したそうだ。

第1回大会を受けて、私は自分なりに5つの課題を持って09年大会のセールスに臨むことにした。第一に、街全体を「媒体」にすること。サッカーのワールドカップ期間中、ファミリーマートが全店舗を挙げて応援キャンペーンを行い、街が、お店がワールドカップ一色に染まる、あの雰囲気を醸し出したいと思った。2番目に日本代表の「監督名＋ジャパン」に代わるネーミングの考案。3番目はサッカーの「FIFAアンセム」のような、WBCのテーマ音楽を作ること。スポンサー企業どうしのコラボが4番目。例えば、マックの店舗でアサヒビールを販売するといったようなイメージだ。5番目は日本の企業をワールドワイドでプロモーションすること。

結果的に、4番目と5番目は実現しなかったが、最初の課題は日本マクドナルドのおかげで実現できた。各店舗の店頭にはWBCのタペストリーが飾られ、行き交う人々がクリアファイルを手にしている光景を目にした。また、WBCバージョンのアサヒの缶ビールも全国のコンビニエンスストアで販売され、完売したと聞いている。テーマソングについては、「ベースボールアンセム」（未CD化）を制作。09年3月、music.jpでのダウンロード数がEXILEを抜いたこともあった。「監督名＋ジャパン」に代わるネーミングについては後述する。

コンテンツの価値を上げるにはどうしたらいいか、そんなことを常に考えながら突っ走っていたのが、私にとっての09年WBCだった。

「SAMURAI JAPAN」のネーミングが生まれた本当のワケ

じつのことをいうと、私は日本代表を「監督名＋ジャパン」で呼ぶことに常々、違和感を覚えていた。競技の主役は、あくまでも選手だと思うからだ。こうした呼び方が一般に定着したのは、おそらく1994年（平成6）ワールドカップの予選からではないだろうか。本戦出場を目指していたサッカー日本代表を、当時のハンス・オフト監督の名前と合わせて「オフトジャパン」と呼んで以来のことだろう。野球では2004年（平成16）アテネオリンピックの「長嶋ジャパン」、あるいは「中畑《なかはた》ジャパン」、ソフトボールでは「宇津木《うつぎ》ジャパン」というネーミングがマスコミをにぎわせた。

広告会社の立場からいわせていただくと、「WBC日本代表」という名称や大会のオフィシャルマークをプロモーションなどで使おうとすれば、煩雑な問題が生じる。というのは、そのたびにWBCサイドへ使用申請し、許可を取らなければならないからだ。しかも、その承認作業は時間がかかるし、時差もある。クイックレスポンスが基本の日本のビジネススタイルに合わず、日本向きではない。そういったこともあり、「WBC日本代表」を象徴する名称は急務だった。

電通内で幾度となくミーティングを重ねた結果、プロジェクトリーダーである私は「サムライジャパン。よし、これでいこう！」という決定を出した。早速、侍が刀を持ったシルエットをデザイナーが考案してくれた。商標登録を調べたところ、すでに日本ホッケー協会が男子ホッケー日本代表を「サムライジャパン」として登録していることがわかった。当初、日本ホッケー協会からは「WBC日本代表より前に〝サムライ〟を名乗っていたから、元祖は自分たち。しかし、露出の差を考えれば、こちらがマネしたと思われる」というクレームが、NPBをはじめ関係各所に届いた。

結局、「お互いの代表が親しまれ、ともに協力、応援し合える関係を築いていきましょう」となり、交渉、調整の末、最終的には侍イラストとロゴのセットで商標登録することができた。厳密にいえば、日本ホッケー協会はカタカナ表記での登録だと認識しているが、こちらは「SAMURAI JAPAN」と欧文表記となっている。

商標登録も完了し、「『SAMURAI JAPAN』をWBC日本代表の愛称とし、このマーク（電通で作ったロゴ）で野球界の新しいビジネスチャンスを広げていきませんか？……」と、当時の加藤良三《かとうりょうぞう》NPBコミッショナーに提案したところ、「ぜひ、やりましょう」という返答をいただいた。

代表監督も読売ジャイアンツの原辰徳監督に決定し、早速、挨拶におもむいた。原監督には「『原ジャパン』云々ではなく、もっと選手をフィーチャーしたいんです」という旨を伝えたところ、開口一番、「いいじゃないですか。僕も応援しますよ」といってくださった。あのスマイルで快諾していただいたのだ。

あるとき、原監督に、スポンサー用のサイン色紙をいただくことがあった。そのとき、ご自身のサイン横になんと「侍ジャパン 原辰徳」と書かれたのである。ネーミングの考案者として、嬉しさがこみ上げてきたのと同時に、「本当に応援してくださっているのだなあ……」と感激してしまった。また、本戦の準決勝・決勝が行われたアメリカの球場内で、日本のファンがお手製のSAMURAI JAPANプラカードを振りながら応援するシーンにも、言葉にできないような感動を覚えた。

商標の制作や登録にはそれ相応のお金が必要になる。『SAMURAI JAPAN』の名称は将来、絶対に化けます」と関係各所に話を持ちかけた。「費用がかかるなら……」と、ことごとく断られ、最終的には制作費や諸経費などの費用全額を電通が負担し、商標登録は電通が持った。たかがネーミングと思われるかもしれないが、権利ビジネスは本当にこわい。まったく関係のない者が勝手に申請して承認が取れてしまえば、だれが有名にしたかということは関係ないのだ。だから、電通が商標を保有したのであった。たぶん、そのときは誰もこのネーミングがいきなり爆発的に認知されるとは思わなかったのではないだろうか。

第3回大会の前の12年（平成24）、NPBの幹部が電通に来社され、「SAMURAI JAPAN」の商標譲渡の旨を要求された。会議の席上、「『SAMURAI JAPAN』は電通が考案したという事実を忘れないでいただきたい。そして、それを有効利用し野球界発展のために使用されるというのであれば協力します……」ということで譲渡した。

現在、侍イラストはホームベースをモチーフにしたデザインに差し替わり、元福岡ソフトバンクホークスの小久保裕紀氏を監督に迎えて新生「侍ジャパン」は始動。さらに侍ジャパンの株式会社化が発表された。

本当に成功してほしいと、切に願っている。

毎回問題になる「日本の権利」とは一体何か?「MLBが強欲」は、真実か?

野球日本代表が2大会連続「世界一」を成し遂げたことで、WBCは屈指のビッグスポーツコンテンツへと成長した。

アサヒビール、日本マクドナルドを中心に大々的な「SAMURAI JAPAN」キャンペーンが展開され、テレビの視聴率も文句なし。日本球界はもちろん、スポンサー、テレビ局、そして何よりもファンが大満足の結果となった。

2013年(平成25)の第3回大会のテーマは、「SAMURAI JAPAN3連覇」以外の何物でもなく、周囲の期待はいやおうなしに盛り上がっていった。

しかし、日本プロ野球選手会がなかなか出場参加を表明しなかったことで、この第3回大会もスポンサーセールス的に、やや出遅れた感があった。いや、進められなかった。

選手会はスポンサー権、日本代表グッズのライセンシング権が認められていないことが理不尽だと主張していたのだが、そもそもそんな権利自体が存在しない。WBCは、インビテーショントーナメント（招待試合）。MLBおよびMLB選手会が「招待国として参加してくれれば、経費はこちらが持ちます。その代わり、権利は差し出してください」という考えのもとに参加国を募り、各国も了解して出場しているのだ。その時点で権利などないのだ。どうしても権利がほしければ主催者から買い取ればいいのである。

09年（平成21）大会ではヘルメットには日本マクドナルド、ユニフォームの袖にはアサヒの広告がついた。「日本企業がスポンサーについたのに、日本サイドに1円も入らないのはおかしい」という主張には、正直、違和感を覚えた。たまたま日本の企業がスポンサードしているだけで、権利構造からいって権利の要求は正当とはいえないように思う。

そして、大会運営において1円の出資もしていないのに、「配分が少ない」というのはつじつまが合わない。最初の時点でリスクをすべて回避したのだから、リターンがないのは当然だ。加えて、分配金は大会収益の13％がNPBに入る仕組みになっている（韓国は5％）。そしてさらに、優勝賞金だ。ノーリスクの立場でそれ以上、何を求めるのかとも考えてしまう。

もともと権利など持っていないにもかかわらず、あたかも既存の権利が侵されたかのごとくマスコミに主張し、都合の悪い部分（真実）は伏せている。これは選手が悪いのではなく、間違った知恵を選手や事務局に授けている周辺スタッフの責任ではないかと思う。そしてさらに、間違った主張を精査することなく、そのまま鵜呑みにして報じる日本のスポーツマスコミもいかがなものかと思う。

第3回大会は参加国が増えることから、予選を実施することが決定していた。前回優勝の日本には当然、シード権が与えられている。しかし、いつまでも参加を表明しないのでWBCIは、「（12年の）4月中に参加表明しないとシード権は剥奪されますよ」と日本の選手会に伝えてきたが、なしのつぶて。

選手会から参加の表明がなかったが、電通は大会のマーケティング等についてWBCIと交渉を続けた。

「5月の連休明けには参加表明すると聞いているので、前回優勝の日本を予選に回すのはやめてほしい」と、一広告会社の立場ながら、そうお願いするも、状況は一向に変わらなかった。

さらに選手会は7月20日に行われた会合で、第3回大会に参加しないことを再度決議したのには本当に驚かされた。選手会を説得する立場にあるNPB側が、早くから第3回大会への参加を表明していたのにもかかわらず、である。一方で、第1、第2ラウンドの日本開催がほぼ内定していた。最悪の事態として、日本で開催しながら自国のチームが参加しないことも想定しなければならない状況であった。

選手会が不参加決議を撤回し、参加を表明したのは9月に入ってからだ。「選手会が当初から主張してきたことは、おおむね実現した」と新井貴浩《あらいたかひろ》選手会長は語った。しかし、WBCの大会収益の分配比率が変わったわけではない。「SAMURAI JAPAN」独自のスポンサー権が認められたことを不参加撤回の理由に挙げているが、それはもともとNPBや選手会に認められていた権利だ。09年大会のときに立ち上げた「SAMURAI JAPAN」プロジェクトがまさにそれで、WBCサイドにお金が流れない仕組みはすでにできていたのだ。

選手会がもっと早く参加表明していれば、「SAMURAI JAPAN」プロジェクトでより多くのスポンサーを募り、もっといろいろなことができたのではないか、と思うと、本当に残念でならない。

世界中で予選ラウンドがスタート ますますワールドワイド化するWBC

第3回大会の大きな特徴は、前述のように、参加国が増え、世界の各地で予選ラウンドが行われたことだ。もちろん、MLBによる世界戦略の一環ではあるが、野球がオリンピック競技から外されたいま、メジャーリーガーが参加する最高峰の国別対抗戦として、WBCはさらにスケールアップしていく必要があったのだろう。予選参加国は前回大会で未勝利に終わった台湾、南アフリカ、パナマの4ヵ国・地域に、ブラジル、フランス、ドイツ、イギリス、スペイン、カナダ、イスラエルなど新たに12の国が加わり、計16ヵ国・地域。

イスラエルは惜しくも予選敗退したが、もし3月の本戦に進出していれば、東北楽天のケビン・ユーキリスをはじめ、9月の予選には出られなかったイスラエル系のメジャーリーガー（決して少なくはない！）が、水面下で出場をにおわせていたため、きっと〝台風の目〟になっていたことだろう。

また、今回は初めて第2ラウンドまでが日本開催となった。2006年（平成18）、09年（平成21）は日本で3試合戦っただけでアメリカへ乗り込んでいたが、「日本国内での本大会をもっと増やしてほしい……」として、われわれは交渉を続けてきた。主張が認められたことは喜ばしいが、万が一、日本が第1ラウンドで敗退すれば、興行収入、視聴率、さらにはイベントそのものが大打撃を被るリスクもあった。

当初、MLBサイドが話を上げてきたプールAの面子《めんつ》には、日本、キューバ、オーストラリア、（予選を勝ち上がった場合の）イスラエル。日本は第1ラウンド突破がマストだから、先方の提案をそのままのむわけにはいかない。「オーストラリアではなく、ここは中国。イスラエルもダメだ。スペインにしてほしい」。こんなリクエストをするのはわれわれだけ。MLBサイドの責任者、ポール・アーチ氏も笑って話を聞いていた。

結局、キューバ、中国、そしてスペインの代わりにブラジルが入ってきた。「ブラジルには日系人がいるから、盛り上がるだろう」という向こうなりの配慮（？）らしかった。キューバと同組なのは仕方がないにせよ、日系人プロも多くいて、強豪パナマを破ったブラジルには、何か嫌な予感がした。案の定、日本はブラジル相手に手こずった。7回の時点で2-3のビハインド。8回表、井端弘和《いばたかずひろ》(中日)の代打同点タイムリーを口火に、劇的な逆転勝利を収めたことは記憶に新しいところだ。

第2ラウンドに進出した日本は、キューバ、オランダ、台湾と同じプール1。トーナメントの組み合わせはキューバ対オランダ、日本対台湾と決まったが、ゲーム1ではキューバがオランダに敗れる波乱が起き、ゲーム2でも日本は台湾の先発、王建民《ワンチエンミン》の前に6回まで無得点。全盛期の球威はないが、ヤンキース在籍時には2年連続19勝をマークした台湾のエースに、さすがの精鋭たちも手を焼いた。球数制限で台湾の王が降板した後、サムライ打線は終盤に得点を重ね、4-3で薄氷の勝利をつかんだ。

私は現場で試合を観戦していたが、あれほど一球ごとに歓喜とため息が交錯する緊張感を味わったゲームは初めてだった。過去も含めた日本ラウンドの試合で「アメリカの土を踏まずして日本代表が敗退するかもしれない」と、このときほど危惧したことはなかった。もちろん、この大会もダブルエリミネーション方式が導入されたが、ナイターで行われたこの試合に日本が負けると、翌日のデーゲームでキューバと敗者復活戦を戦わなくてはならない。チームを立て直すにはあまりにも時間がない。結果的に、日本に惜敗した台湾が0−14の7回コールドでキューバに敗れたが、もし、敗者復活戦に回っていたら、日本はそこですべて終わっていたかもしれない。

そういう意味で、日本にとって台湾戦は絶対に負けられない試合だった。日本代表の中には「打席に入りたくなかった」と、後日漏らした選手がいたと聞いて驚いた。プロ野球界で「ゲームに出たくない」と思う選手など皆無だろう。WBC戦士は、それほどとんでもないプレッシャーを背負ってグラウンドに立っているのだと思った。

台湾戦の平均視聴率は関東地区で、30・3％。第2ラウンド・プール1決勝のオランダ戦は30・4％といずれも驚異的な数字をマークしたが、もし、第1ラウンドのブラジル戦を落として第2ラウンドへ進めなかったら、大変なことになっていただろう。いったん契約を結んだテレビ局には「放送義務」が発生する。日本の進出の有無にかかわらず、対戦国などに対しての「国際映像」を制作しなくてはならないからだ。

日本は準決勝でプエルトリコに敗れ、決勝進出はならなかったが、決勝戦の放送はテレビ朝日に決まっていた。ドミニカ対プエルトリコ戦は、急きょ、日本時間20日の深夜枠での録画中継に差し替えとなった。その日は祝日だったため、もし日本の決勝戦が行われていたら、またもや高視聴率をマークしていたのは間違いないことだろう。

SAMURAI JAPANのリベンジロードは、すでに始まっている！

第3回WBCは監督選定でもかなり紛糾した。元中日ドラゴンズ監督の落合博満《おちあいひろみつ》氏、福岡ソフトバンクホークスの秋山幸二《あきやまこうじ》監督らの名前が挙がるも、正式決定には至らない。また、「現役監督では負担が重すぎる」という意見もあり、OBを中心に人選が進み、最終的に元広島東洋カープ監督の山本浩二《やまもとこうじ》氏に決定した。日本は2連覇中だ。第3回大会の代表監督の座は、これまでとは比べものにならないほどのプレッシャーがかかるはずだ。それを承知で山本氏は男気を見せて、これを引き受けた。

イチロー、ダルビッシュ有ら、日本人メジャーリーガーが続々と代表辞退を表明し、代表は日本球界の選手だけの編成とわかると、マスコミ、特にテレビへの露出が前回よりも明らかに減った。

何とか前回並みに注目を集めようと、われわれとしてもいろいろ策を練っていた。

世間を盛り上げるためには、〝ストーリー作り〟の必要性を感じていた。

「日本代表のキャンプ期間中から第1ラウンドに向けて、いくつかヤマ場を作りましょう」

年明けの2013年（平成25）1月中旬、われわれは山本監督に電通本社までご足労いただき、いろいろな話題作りを提案させていただいた。

「俺、そんなに何もやってないかな……」と、山本監督は寂しそうな顔で尋ねてきた。

「いいえ、違うんです。でも、もっとやっていただきたいんです。3連覇に向けて、どうかよろしくお願いします」

山本監督は快くこちらの提案を受け入れてくださった。まずは1月中旬、読売ジャイアンツの阿部慎之助《あべしんのすけ》ら6人の代表候補選手が自主トレを行っていたグアムへ、コーチ陣とともに視察に訪れた。それを皮切りに、各球団がキャンプを行っている沖縄、宮崎を精力的に回り、WBC代表候補を視察、激励した。この模様はスポーツ紙やスポーツニュースでも取り上げられ、WBC開幕に向けて世間も徐々に盛り上がりを見せていった。

電通がもうひとつお願いしたかったのは、代表選手の背番号を大々的に発表することだった。イメージしたのは、サッカーの日本代表監督自ら、ワールドカップの前に選手のポジションと背番号を発表するセレモニーである。山本監督にはこちらのお願いにご協力いただき、日本代表メンバー28選手が発表された。

3月4日、福岡市内のホテルでWBC代表団の歓迎パーティーが行われ、そこで山本監督ご本人から近況をうかがった。2月の代表候補による宮崎キャンプ期間中も「ほとんど外で酒を飲むことはない」し、アルコールの量も控えていたそうだ。日本人メジャーリーガーの不参加で、即〝戦力ダウン〟と世間は見る。外出して酒を飲んでいるところをマスコミやファンに見られようものなら、何をいわれるかわからない。それほどの重圧があったという。「息抜きをしたくてもできない」といいながら、「コーチ陣もみんな、ホテルの部屋にこもりっきりだったよ……」というようなことをお話しされた。

選手たちも同様だ。福岡でのパーティーがお開きになり、ホテルを出ようとしたところで、外食先からホテルへ帰る何人かの代表選手とすれ違った。まだ21時になる前のことだ。選手は皆、真摯な姿勢で大会に臨んでいたことがよくわかった。

チームは、キャプテンの阿部慎之助を中心によくまとまっていたそうである。選手たちも山本監督を慕っていた。結果的には3連覇を逸しはしたが、3大会を通じてすべて準決勝以上に進んだのは、日本チームだけである。アメリカも第1回大会は第2ラウンドで敗退している。キューバもドミニカもしかりである。WBCで勝ち進むことがいかに大変なことか。山本監督の手腕はもっと評価されてもいいと思う。いや、もっと評価されるべきだ。

第3回大会は幕を閉じ、新生侍ジャパンには小久保裕紀氏が監督に就任し、新たなスタートを切った。私は球界の外の人間ではあるが、世界一奪回のためには長期的スパンに立った強化プランを構築していく必要がある、と申し上げたい。同時に、4年後を見据えたマーケティング活動が展開されてしかるべきだと思う。

JOC（日本オリンピック委員会）がいいお手本だ。JOCの選手強化プログラムは4年に一度のオリンピックを核として成り立っている。スポンサーも、JOCゴールドスポンサーをはじめ、各カテゴリーのスポンサーが、各団体や強化選手の4年という時間を支えているのである。

「SAMURAI JAPAN」の名付け親だからこそ、そこはあえて主張させていただきたい。

ＭＬＢ関係者が明かした
「次にメジャーで活躍しそうな日本人選手」の名前

野茂英雄がメジャーで実績を残して以降、ＭＬＢ関係者の熱い視線が日本球界にも注がれるようになった。現在のダルビッシュ有、田中将大、岩隈久志、上原浩治らの活躍は、日本でもエース級の実力が、メジャーでも十分通用することを証明している。しかし、そこには日米で微妙に評価の違いがあるようだ。２０１０年頃のことだ。ＭＬＢ関係者と間で、今後どんな日本人投手がメジャーで活躍しそうか、という話題になった。前述の選手たちに加えて評価が高かったのは、14年5月にノーヒットノーランを達成した埼玉西武の岸孝之《きしたかゆき》投手。彼らはいう。「変化球には3種類ある。上下、左右、そして前後だ」と。チェンジアップの使い手でなおかつ緩急をつけるのがうまく、球を前後に出し入れできる、それが岸ということだ。加えて「肩がフレッシュ」とのこと。アマチュア時代の投球数がそれほど多くなく、その分〝伸びしろ〟があるという点も魅力的に映っていたようだ。

第4章

広告会社の仕事編：スポーツコンテンツに新しい価値観を創り出す

「ナショナリズム」＋「スーパースター」がスポーツコンテンツをヒットさせる条件

２０１０年（平成22）、テレビの年間視聴率ベスト3は、サッカーワールドカップの日本代表戦の3試合で独占された。また06年（平成18）、09年（平成21）はＷＢＣで〝世界一〟連覇を達成した瞬間、日本中が歓喜に沸いた。ソチオリンピックでフィギュアスケート女子シングルフリーの浅田真央《あさだまお》が演技終了直後に涙を浮かべたときは、深夜1時台にもかかわらず、瞬間最高視聴率19・5％を記録した。スポーツはなぜ、こんなにも人々を惹きつけるのか。また惹きつける力があるのか？

それは、やはり「スポーツは筋書きのないドラマ」のひとことにつきるのだと思う。共感があり歓喜があり、ときには裏切られたり、ハッピーエンドだったり……、とにかく先が読めないというスリリング感がたまらないのではないか。

そして、スポーツコンテンツにおいて絶対に〝ウケル！〟〝間違いない！〟という鉄板のキーワードが存在する。それは「ナショナリズム」と「スーパースター」というふたつの言葉である。

例えば、日の丸を背負って戦う選手たちに、われわれは大きな期待を託しながら、ゲームを応援、観戦する。特に、オリンピックやサッカーワールドカップ、WBCなどは、ふだんはその種目に興味がなくても日本を応援する。にわかファンだろうと何だろうと日本が勝ったら嬉しいのだ。また、メジャーリーガーのイチローやダルビッシュ有、田中将大、サッカーの本田圭佑《ほんだけいすけ》や香川真司《かがわしんじ》のように〝世界で戦う〟日本人アスリートが活躍すれば、やはり喜ばしいことであり、純粋に嬉しい。

だからこそ、オリンピックや国際大会において日の丸を背負った有名アスリートが活躍すると……、すなわち「ナショナリズム」と「スーパースター」というふたつの要素がハマると、テレビの視聴率も爆発的な数字をたたき出し、みんなが注目する、誰もが知っているスポーツコンテンツとなるのである。これには、どんなに人気のある音楽イベントや話題のテレビドラマであっても、その〝爆発力〟にはかなわない。スポーツコンテンツの秘めている特性、スポーツだから成立する〝所以《ゆえん》〟といえるのではないか。

では、スポーツコンテンツに広告会社はどうかかわってきたのか。以前は、「看板が○○秒映ります」とか「テレビのスポットに換算すると○○円以上の効果があります」「新聞に取り上げられます」などのように、協賛する金額に見合う以上の露出効果が、各企業の協賛における評価のバロメーターになっていた。

具体的な作業として、できるだけ目立つように看板広告を掲げる。テレビや新聞、ニュースでの露出を増やす。協賛額に応じた枚数のチケットを付ける。そのようなスポンサーの要望にできる限り応えることが広告会社の仕事であった。

しかし近年、それらは「ごく当たり前」な前提条件で、その上で協賛スポンサーは、協賛することで得た権利、すなわち、コンテンツがどこまで活用できるかを考える。露出の大小ではなく、どう営業サポートのツールとして使うか、いかに企業の広報として活用するのか。さらには、社内の活性化にどのように利用していくか。そこで初めて、協賛した企業は「成功したかどうか」という評価基軸に乗せる……といった感じに、最近は変化してきている。

また、広告会社の仕事もコンテンツそのものの価値をいかに上げていくかというのはもちろんのこと、スポンサー独自が行う「アクティベーションプログラム」のアイディア、実現性、完成度等が求められている。

アクティベーションとは、協賛料とは別にエキストラの費用を投下し、協賛社がコンテンツをとことん使い倒すようなプロモーションを展開することをいう。しかし、日本では「協賛金を払っているのだから、それ以上のことは、特に……」という考えがスポンサーにあり、通常の広告出稿の一部を利用するにとどめたり、プラスの予算は出さないという傾向が強かった。最近では第3章で紹介（156～159頁参照）したWBCのアサヒビールや日本マクドナルドの展開にあるように、アクティベーションを積極的に行う企業が増えてきている傾向もある。

20年（平成32）東京オリンピック・パラリンピックに向けて、この傾向はさらに加速していくことと推測される。

スポーツイベントは予算やエリア、規模など、企業のニーズやビジネスモデルに合わせてカスタマイズすることが比較的容易にできる、とても優れた〝媒体《メディア》〟だ。スーパースターが日本代表として出場する国際大会を頂点に、日本選手権や国体、さらには都道府県や市町村が開催する大会、気軽に参加できるレクリエーションに至るまで、誰もが共感を持てる〝コンテンツ〟、それがスポーツイベントなのである。

「超スーパースター」と「スーパースター」「スター選手」「有名アスリート」の定義と違い

私がスポーツビジネスに携わりスポーツ界を見てきて、何となく感じていることがある。それは前項で述べた「スーパースター」には、何らかの法則があるような気がするのだ。

まず、〝スポーツイベントのプロデューサー目線〟からアスリートを分類した場合、四半世紀にひとりの「超スーパースター」、10年にひとりの「スーパースター」、4年周期の「スター選手」、そして「有名アスリート」という4つに分けられると思う。

「超スーパースター」の筆頭には迷わず長嶋茂雄の名前が挙がる。そして、次の世代ということでは、賛否両論あるかもしれないが、松井秀喜と石川遼を挙げたい。その理由や条件とは何か、といえば「嫌いな人がいない」「会うと好きになってしまう」ということだ。加えて、「誰もが顔と名前を知っている」「スポーツ以外のフィールドでも人気がある」という点も、3者共通のイメージではないだろうか。かつては〝求道者〟的なイメージが漂っていた王貞治やイチローも近年、この超スーパースターのゾーンに入ってきている。彼らはスポーツ界のみならず、「特別な存在」であり、長きにわたって人々に愛されるアスリートともいい換えることができるだろう。

「スーパースター」の分類では力道山《りきどうざん》、ファイティング原田《はらだ》、三浦知良《みうらかずよし》、貴乃花《たかのはな》、北《きた》島康介《じまこうすけ》、浅田真央、そしてジャンボ尾崎《おざき》や宮里藍《みやざとあい》といった名前が挙げられる。その共通点は、彼ら彼女らが出場したときの視聴率が確実に上がる……、業界では〝数字を持っている〟アスリートであること。もちろん、まだまだたくさんいるとは思うが、考え方・法則の紹介という点でのラインナップであることをご承知いただきたい。一方、「スター選手」は、オリンピックごと、ワールドカップごとに出てくる選手。村《むら》田諒太《たりょうた》、羽生結弦《はにゅうゆづる》、内村航平《うちむらこうへい》、澤穂希《さわほまれ》、葛西紀明《かさいのりあき》、そして田中将大、本田圭佑たちが挙がるのではないか。特に、村田諒太と羽生結弦は、もうすでにスーパースターに仲間入りしているともいえるが、現時点ということなので、あえてこの分類にした。

ここで挙げた分類・選手名は、広告会社の担当者としての目線から見た評価基軸である。各競技での実績や記録とはまったく別物であることを、お断りしておきたい。

「伝える人」次第でスポーツコンテンツの価値は上下する

私は常々、残念ながら日本にはスポーツジャーナリストがいない！と感じてしまうことがある。もちろん勉強されている記者もいるが、どうしても伝え方が腑に落ちない面があるからだ。テレビでよく見る某有名ジャーナリストなどは、現場で姿を見たことがない。「現場に来なくて、よくあれだけ語れるなぁ」と感心（？）させられる。記事の出し方にも少々違和感を覚えることがある。先日、あるアスリートから「囲み（記者会見の後などに個人的に話を聞く追加取材）のとき、何だか初めから記者が書きたい内容が決まっていて、そこに向けて誘導尋問されているような感じがした」という話を聞かされた。このような話をしたのは、この人物だけではない。何人も同じようなことをいっていたので、あえてここで書かせていただいた。

また現在、「スポーツマーケティング学」がいくつかの大学で教えられている。受講している学生と話をする機会があったが、海外の書物をそのまま訳して話しているだけのような感じがしたものだ。おそらく、学生にというよりは、教える側に問題があるのではないだろうか。教鞭をとるほうに、スポーツマーケティングを実践してきた人が少ない。自称〝スポーツイベント・プロデューサー〟が多く、あたかも自分が経験してきたように、生徒に教えているのではないだろうか。その点には異議を唱えたい。私の知る限りでは、元順天堂大学教授の小林《こばやし》淑一《ひでかず》先生と広島経済大学の濱口《はまぐち》博《ひろ》行《ゆき》先生は、両氏とも電通の最前線で従事された私の大先輩であり、素晴らしい実績と理論の持ち主である。また専門分野ではないが、積極的にマーケティング分野を知ろうとされた早稲田大学の礒《いそ》繁《しげ》雄《お》先生の姿勢にも頭が下がる思いであった。

日本イベント産業振興協会が年に1回「スポーツイベント検定」を行っている。これは「スポーツイベントを見る人から創る人へ！」と題し行われている検定であるが、これからの日本には2020年（平成32）に向かって絶対に意味のある試みだと思う。大なり小なり、自分が経験することによりスポーツイベントの見方・感じ方が変わってくると思うからだ。伝える側の意識も見る側の意識も変化すれば、スポーツそのものの価値観も変わってくる。そんな期待ができるからである。

どんな収入があって、どこで儲けるのか？スポーツイベントの「収入の3本柱」

では最後に、スポーツイベントで得られる収入とは何か？ つまり、いったい何が収入で、どこで儲けるのか？ その答えは、「興行権」「マーケティング権」「放送権」の3つ。

これらが「収入の3本柱」となり、実施した際の総支出との〝差〟が利益となる。この3つの権利を保有する者（主催者やライツホルダー）が自ら行動を起こすか、または「第三者」にその権利を譲渡し、その「第三者」が権利をいかに有効に活用して利益を得るか？ということが、スポーツコンテンツの商業利用の定義となるだろう。

「興行権」というのはひとことでいえば、チケット収入。MLBの球団の収支では駐車場代などもこの興行権に含まれている。興行というのは単にチケットを販売するだけではなく、さまざまな付加価値を付けて興行収入を増やしたりする。前述したが、

「プレステージチケット」や「パブリックビューイング」なども、最近では特に当たり前になってきた手法のひとつだ。またキラーコンテンツであればあるほど、高額で取引されるのが、チケットの「独占販売権」である。

「マーケティング権」の中身は、ざっくりといってしまえば、興行権と放送権を除いたすべてということになる。スタジアムの看板広告、マーチャンダイジング（商品化計画）、イベントプロモーション、肖像の使用権など多岐にわたる。

そして広告会社のスポーツコンテンツとのかかわり合い方には、大きく分けてふたつのパターンがある。ひとつは、主催者から「お金を集めてほしい」「こういうイベントをやりたい」と相談を受けるケース。マイナースポーツの大会や、知名度がいまひとつのイベントといった、いわゆる〝売りづらい物件〟が多く、そのスポーツ協会や組織自体が運営費を捻出できないので協力するといった場合も少なくない。しかし、WBCのように初めから「キラーコンテンツ」などというケースも稀にある。

もうひとつは、スポンサーや会社が主催者に対して、「ぜひ、やらせてください」とお願いするケース。サッカーワールドカップやオリンピックなどの〝鉄板〟イベントなどはその最たる例だ。またスポンサーのニーズに近いようなイベントを考えて、それを関係する競技団体に提案して実施するというケースもある。

このふたつのパターンのうち、現実には前者のほうが圧倒的に多いのだが、〝売りづらい物件〟にどう付加価値を付けて、スポンサーの要望を満たし、かつ、競技団体にも喜んでいただけるイベントにするのかが、広告会社の腕の見せどころでもある。

「放送権」はそのイベントをテレビなどで放映できる権利をはじめ、映像化権（映像のメディア化）、ニュースフィード、インターネット権などがここに含まれる。

ここで述べておきたいのは、プロ野球が地上波で中継される機会は年々減少傾向にあるが、プロ野球におけるテレビの放送権のあり方にも、一考の余地があるということだ。

2010年（平成22）の中日ドラゴンズ対千葉ロッテマリーンズの日本シリーズは、第1戦、第2戦、第5戦が地上波で全国中継されなかった。これは日本シリーズのテレビ中継開始以来、初めての事態だ。レギュラーシーズンやクライマックスシリーズの放送権は各球団が保有するが、日本シリーズの放送権は主催者のNPBにあるので、各球団は放送を担当してほしい局をNPBに〝推薦〟し、放送局が決定されるという慣例がある。

各球団とテレビ局との関係は長年のしがらみがあるのだろうが、このスタイルは、そろそろ限界に来ているのではないだろうか。

NPBが放送権を一括管理すれば、日本シリーズ出場チームが決定する前から、例えば「日本シリーズの第1戦、第4戦、第7戦をセットでどうですか」、あるいは「（視聴率が下がりがちな）第2戦を買ってもらえれば、クライマックスシリーズの優勝決定試合も付けますよ」といったように、テレビ各局への売り方にも柔軟性が出せる。現状は、番組をセールスする時間もないからなかなか売れない。テレビ局も収入が見込めないから高く買うことができない……という悪循環になっているのではないだろうか？

MLBは、全米ネット中継での試合はMLBが管理・販売し、ローカル放送は各球団が販売している。男子ゴルフのPGAツアーは、放送権を一括管理して成功している。一概にはいえないが、海外や他のスポーツ大会を参考にするなどして、考え直す時期ではないかとも思ってしまう。

それはプロ野球の日本シリーズが、〝低視聴率時代〟であっても、近年でも終盤戦には20%を超したほどの、誰もが見たいキラーコンテンツだからである。

ライバル韓国にコールドゲームで快勝
日本中が歓喜の中、電通が〝ひとり負け〟のワケ

２００９年ＷＢＣの第１ラウンド準決勝の韓国戦。日本は打線が爆発し、５回で11－２と大量リードを奪った。「勝てば、アメリカに絶対行ける！」と、私は東京ドームのスタッフルームで安堵の声をもらしていた。しかし、部下は何やら怪訝《けげん》そうな表情。「コールドになったらヤバイです！」。コールドゲームになれば、放送されなくなった回のバックネット看板を買ったスポンサーに、その分、電通は営業補償をしなくてはならないのだ。万が一、日本が負けても、敗者復活戦は中国。敗れることはまず考えられない。敗者復活戦に回れば、日本戦が１試合増える。その試合の放送権はテレビ朝日が持ち、興行権は読売。そうなれば、その２社は収入増だが、そうならなくても収入減はない。しかし、電通は本来得るべき収入が得られないばかりか、営業補償でさらにマイナスに。７回コールド勝ちで日本中が歓喜に沸く中、電通のスタッフルームだけは何ともいえない空気が漂っていた……。

アーカイブス

日米野球(1996・1998・2000・2002・2004・2006)
MLB日本開幕戦(2000・2004・2008・2012)
WBC(2006・2009・2013)
メンバー&結果

開催日	場所	観衆	8戦(NPB2勝・MLB4勝・2分)	勝投手	セーブ	敗投手	本塁打
11.1(金)第1戦	東京ドーム	43,000人	全日本6 - 5MLB	河本	佐々木	Jo.フランコ	アンダーソン1号
11.2(土)第2戦	東京ドーム	55,000人	全日本1 - 6MLB	ネイグル		木田	Ju.フランコ1号、ガララーガ1号、清原1号、ゴンザレス1号
11.3(日)第3戦	東京ドーム	45,000人	全セ2-4MLB	ブラントリー	パーシバル	野口	リプケン1号、フィンリー1号、松井秀1号
11.4(振休)第4戦	西武ライオンズ球場	33,000人	全日本1 - 2MLB	ヘントゲン	メサ	星野	ピアザ1号
11.6(水)第5戦	福岡ドーム	48,000人	全日本6 - 6MLB				ボンズ1号
11.7(木)第6戦	阪神甲子園球場	55,000人	全日本8 - 11MLB	ネイグル	メサ	斎藤	ガララーガ2号、シェフィールド1号
11.9(土)第7戦	横浜スタジアム	27,000人	全日本6 - 4MLB	木田	佐々木	レイノルズ	松井秀2号
11.10(日)第8戦	東京ドーム	55,000人	全日本8 - 8MLB				ピアザ2号

NPB

ポジション	氏名	所属	背番号	投	打	MLB初移籍先／メジャーデビュー年
内野手	松井稼頭央	西武ライオンズ	32	右	両	ニューヨーク・メッツ／2004年
	土橋勝征	ヤクルトスワローズ	5	右	右	
	仁志敏久	読売ジャイアンツ	8	右	右	
	川相昌弘	読売ジャイアンツ	0	右	右	
外野手	山﨑武司	中日ドラゴンズ	22	右	右	
	松井秀喜	読売ジャイアンツ	55	右	左	ニューヨーク・ヤンキース／2003年
	緒方孝市	広島東洋カープ	9	右	右	
	檜山進次郎	阪神タイガース	24	右	左	
	イチロー	オリックス・ブルーウェーブ	51	右	左	シアトル・マリナーズ／2001年
	村松有人	福岡ダイエーホークス	23	左	左	
	大道典良	福岡ダイエーホークス	55	右	右	
	鈴木尚典	横浜ベイスターズ	51	右	左	
	清水隆行	読売ジャイアンツ	35	右	左	

MLB

	氏名	所属	背番号		
監督	ダスティー・ベイカー	サンフランシスコ・ジャイアンツ	12		
コーチ	ドン・ベイラー	コロラド・ロッキーズ	25		
	ディック・サッチ	ミネソタ・ツインズ	42		
	アート・ハウ	オークランド・アスレチックス	18		
ポジション	氏名	所属	背番号	投	打
投手	デニー・ネイグル	アトランタ・ブレーブス	15	左	左
	野茂英雄	ロサンゼルス・ドジャース	16	右	右
	ジョン・フランコ	ニューヨーク・メッツ	31	左	左
	シェーン・レイノルズ	ヒューストン・アストロズ	37	右	右
	トロイ・パーシバル	カリフォルニア・エンゼルス	40	右	右
	パット・ヘントゲン	トロント・ブルージェイズ	41	右	右
	ペドロ・マルチネス	モントリオール・エクスポズ	45	右	右
	ジェフ・ブラントリー	シンシナティ・レッズ	45	右	右
	ホセ・メサ	クリーブランド・インディアンス	49	右	右
捕手	イバン・ロドリゲス	テキサス・レンジャース	7	右	右
	マイク・ピアザ	ロサンゼルス・ドジャース	31	右	右
	トム・パグノッツィ	セントルイス・カージナルス	19	右	右
内野手	チャック・ノブロック	ミネソタ・ツインズ	11	右	右
	アレックス・ロドリゲス	シアトル・マリナーズ	3	右	右
	カル・リプケン	ボルチモア・オリオールズ	8	右	右
	アンドレス・ガララーガ	コロラド・ロッキーズ	14	右	右
	ロビン・ベンチュラ	シカゴ・ホワイトソックス	23	左	右
	ジェフ・シリーロ	ミルウォーキー・ブリュワーズ	26	右	右
	フリオ・フランコ	クリーブランド・インディアンス	20	右	右
	エリック・ヤング	コロラド・ロッキーズ	21	右	右
外野手	マーキス・グリッソム	アトランタ・ブレーブス	9	右	右
	ブラディ・アンダーソン	ボルチモア・オリオールズ	9	左	左
	ゲイリー・シェフィールド	フロリダ・マーリンズ	10	右	右
	スティーブ・フィンリー	サンディエゴ・パドレス	12	左	左
	ホワン・ゴンザレス	テキサス・レンジャース	19	右	右
	バリー・ボンズ	サンフランシスコ・ジャイアンツ	26	左	左

日米野球100年 '96 Sun SUPER MAJOR SERIES '96サンスーパーメジャーシリーズ

主催／社団法人 日本野球機構　毎日新聞社
後援／スポーツニッポン社
特別協賛／日本サン・マイクロシステムズ
協賛／ファミリーマート　東京海上　コマツ　NIKE JAPAN

NPB

	氏名	所属	背番号			
監督	野村克也(第1・2・4・6・8戦)	ヤクルトスワローズ	73			
	長嶋茂雄(第3戦)	読売ジャイアンツ	33			
	王　貞治(第5戦)	福岡ダイエーホークス	89			
	大矢明彦(第7戦)	横浜ベイスターズ	81			
コーチ	新井宏昌	オリックス・ブルーウェーブ	69			
	篠塚和典	読売ジャイアンツ	81			
	尾花高夫	千葉ロッテマリーンズ	84			
	水谷新太郎	ヤクルトスワローズ	85			
	内田順三	読売ジャイアンツ	87			
	斉藤明夫	横浜ベイスターズ	77			
ポジション	氏名	所属	背番号	投	打	MLB初移籍先／メジャーデビュー年
投手	佐々岡真司	広島東洋カープ	18	右	右	
	佐々木主浩	横浜ベイスターズ	22	右	右	シアトル・マリナーズ／2000年
	川尻哲郎	阪神タイガース	41	右	右	
	赤堀元之	近鉄バファローズ	19	右	右	
	河本育之	千葉ロッテマリーンズ	27	左	左	
	木田優夫	読売ジャイアンツ	19	右	右	デトロイト・タイガース／1999年
	西口文也	西武ライオンズ	13	右	右	
	野口茂樹	中日ドラゴンズ	47	左	左	
	星野伸之	オリックス・ブルーウェーブ	28	左	左	
	斎藤雅樹	読売ジャイアンツ	11	右	右	
	高津臣吾	ヤクルトスワローズ	22	右	右	シカゴ・ホワイトソックス／2004年
	小宮山悟	千葉ロッテマリーンズ	14	右	右	ニューヨーク・メッツ／2002年
	木村恵二	福岡ダイエーホークス	20	右	右	
	藤井将雄	福岡ダイエーホークス	15	右	右	
	野村弘樹	横浜ベイスターズ	21	左	左	
	田畑一也	ヤクルトスワローズ	39	右	右	
	関口伊織	横浜ベイスターズ	12	左	左	
	佐野重樹	近鉄バファローズ	14	右	右	
捕手	古田敦也	ヤクルトスワローズ	27	右	右	
	伊東　勤	西武ライオンズ	27	右	右	
	谷繁元信	横浜ベイスターズ	8	右	右	
	西山秀二	広島東洋カープ	32	右	右	
	村田真一	読売ジャイアンツ	9	右	右	
内野手	駒田徳広	横浜ベイスターズ	10	左	左	
	大豊泰昭	中日ドラゴンズ	55	左	左	
	立浪和義	中日ドラゴンズ	3	右	左	
	清原和博	西武ライオンズ	3	右	右	
	小久保裕紀	福岡ダイエーホークス	9	右	右	
	片岡篤史	日本ハムファイターズ	8	右	左	
	和田　豊	阪神タイガース	6	右	右	
	田中幸雄	日本ハムファイターズ	6	右	右	
	石井琢朗	横浜ベイスターズ	5	右	左	
	浜名千広	福岡ダイエーホークス	8	右	左	

※MLB、NPBのメンバーは公式プログラム及び大会直前のマスコミ発表に基づく

開催日	場所	観衆	7戦(NPB2勝・MLB5勝)	勝投手	セーブ	敗投手	本塁打
11.7(土)第1戦	東京ドーム	55,000人	NPB1 - 8MLB	モイヤー	ホフマン	石井一	A.ジョーンズ1号、ラミレス1・2号
11.8(日)第2戦	東京ドーム	55,000人	NPB7 - 10MLB	ヘリング	ホフマン	川上	デルガド1・2号
11.10(火)第3戦	福岡ドーム	48,000人	NPB6 - 2MLB	武田		ライター	松井秀1号
11.11(水)第4戦	大阪ドーム	48,000人	NPB1 - 0MLB	川尻	大塚	シリング	
11.12(木)第5戦	大阪ドーム	48,000人	NPB0 - 2MLB	モイヤー	ホフマン	野口	
11.14(土)第6戦	東京ドーム	55,000人	NPB0 - 9MLB	ヘリング		川崎	ピンニャ1号、ソーサ1号
11.15(日)第7戦	東京ドーム	55,000人	NPB8 - 9MLB	トムコ	ゴードン	石井一	ソーサ2号、ジアンビー1号

MLB

	氏名	所属	背番号	
監督	マイク・ハーグローブ	クリーブランド・インディアンス	30	
コーチ	レオ・マッツオーニー	アトランタ・ブレーブス	54	
	クッキー・ローハス	ニューヨーク・メッツ	4	
	リッチ・ダウアー	カンザスシティ・ロイヤルズ	25	

ポジション	氏名	所属	背番号	投	打
投手	カート・シリング	フィラデルフィア・フィリーズ	38	右	右
	アル・ライター	ニューヨーク・メッツ	22	左	左
	ウーゲット・アービナー	モントリオール・エクスポズ	41	右	右
	ビリー・ワグナー	ヒューストン・アストロズ	13	左	左
	ダン・プレサック	トロント・ブルージェイズ	19	左	左
	トム・ゴードン	ボストン・レッドソックス	36	右	右
	トレバー・ホフマン	サンディエゴ・パドレス	51	右	右
	ケビン・ミルウッド	アトランタ・ブレーブス	34	右	右
	リック・ヘリング	テキサス・レンジャース	32	右	右
	マイク・ジャクソン	クリーブランド・インディアンス	42	右	右
	ジェイミー・モイヤー	シアトル・マリナーズ	50	左	左
	ブレット・トムコ	シンシナティ・レッズ	40	右	右
捕手	ハビアー・ロペス	アトランタ・ブレーブス	8	右	右
	ジェイソン・ケンドール	ピッツバーグ・パイレーツ	18	右	右
内野手	ジェイソン・ジアンビー	オークランド・アスレチックス	16	右	左
	カルロス・デルガド	トロント・ブルージェイズ	25	右	左
	フェルナンド・ピンニャ	ミルウォーキー・ブリュワーズ	1	右	左
	ダミアン・イーズリー	デトロイト・タイガース	9	右	右
	ビニー・カスティーヤ	コロラド・ロッキーズ	9	右	右
	B・J・サーホフ	ボルチモア・オリオールズ	17	右	左
	ノマー・ガルシアパーラ	ボストン・レッドソックス	5	右	右
	レイ・オルドニェス	ニューヨーク・メッツ	10	右	右
外野手	デボン・ホワイト	アリゾナ・ダイヤモンドバックス	22	右	両
	サミー・ソーサ	シカゴ・カブス	21	右	右
	アンドリュー・ジョーンズ	アトランタ・ブレーブス	25	右	右
	マニー・ラミレス	クリーブランド・インディアンス	24	右	右
	グレッグ・ボーン	サンディエゴ・パドレス	23	右	右
	ギャレット・アンダーソン	アナハイム・エンゼルス	16	左	左

'98メリルリンチ スーパードームシリーズ　日米野球

主催／日本野球機構　読売新聞社
後援／日本テレビ放送網　報知新聞社　読売テレビ(大阪)　福岡放送(福岡)
特別協賛(冠)／メリルリンチ
特別協賛／伊藤ハム

NPB

	氏名	所属	背番号
監督	☆長嶋 茂雄	読売ジャイアンツ	33
コーチ	権藤　博	横浜ベイスターズ	72
	王　貞治	福岡ダイエーホークス	89
	佐々木 恭介	近鉄バファローズ	68

ポジション	氏名	所属	背番号	投	打	MLB初移籍先／メジャーデビュー年
投手	☆川上 憲伸	中日ドラゴンズ	11	右	右	アトランタ・ブレーブス／2009年
	川崎 憲次郎	ヤクルトスワローズ	17	右	右	
	小林 幹英	広島東洋カープ	29	右	右	
	大塚 晶文	近鉄バファローズ	11	右	右	
	石井 一久	ヤクルトスワローズ	16	左	左	ロサンゼルス・ドジャース／2002年
	川尻 哲郎	阪神タイガース	19	右	右	
	小宮山 悟	千葉ロッテマリーンズ	14	右	右	ニューヨーク・メッツ／2002年
	野口 茂樹	中日ドラゴンズ	47	左	左	
	武田 一浩	福岡ダイエーホークス	17	右	左	
	石井 貴	西武ライオンズ	14	右	右	
	西村 龍次	福岡ダイエーホークス	38	右	右	
捕手	☆古田 敦也	ヤクルトスワローズ	27	右	右	
	谷繁 元信	横浜ベイスターズ	8	右	右	
	野口 寿浩	日本ハムファイターズ	54	右	右	
内野手	☆清原 和博	読売ジャイアンツ	5	右	右	
	☆仁志 敏久	読売ジャイアンツ	8	右	右	
	☆江藤 智	広島東洋カープ	33	右	右	
	片岡 篤史	日本ハムファイターズ	8	右	左	
	中村 紀洋	近鉄バファローズ	3	右	右	ロサンゼルス・ドジャース／2005年
	☆松井 稼頭央	西武ライオンズ	7	右	両	ニューヨーク・メッツ／2004年
	石井 琢朗	横浜ベイスターズ	5	右	左	
	今岡 誠	阪神タイガース	7	右	右	
外野手	☆イチロー	オリックス・ブルーウェーブ	51	右	左	シアトル・マリナーズ／2001年
	☆松井 秀喜	読売ジャイアンツ	55	右	左	ニューヨーク・ヤンキース／2003年
	☆高橋 由伸	読売ジャイアンツ	24	右	左	
	鈴木 尚典	横浜ベイスターズ	7	右	左	
	大村 直之	近鉄バファローズ	60	左	左	
	平井 光親	千葉ロッテマリーンズ	21	左	左	

☆＝ファン投票による選出
※MLB、NPBのメンバーは公式プログラム及び大会直前のマスコミ発表に基づく

開催日	場所	観衆	8戦(NPB2勝・MLB5勝・1分)	勝投手	セーブ	敗投手	本塁打
11.3(金)第1戦	東京ドーム	41,000人	NPB5 - 8MLB	ミルトン	佐々木	高橋尚	R・アロマー1号、シェフィールド1号、デルガド1号、ボンズ1号
11.4(土)第2戦	東京ドーム	43,000人	NPB5 - 7MLB	ロウ		小林雅	ビスケル1号
11.5(日)第3戦	東京ドーム	34,000人	NPB14 - 2MLB	佐々岡		ヘルナンデス	ボンズ2号、中村1号
11.7(火)第4戦	福岡ドーム	38,000人	NPB2 - 2MLB				
11.8(水)第5戦	大阪ドーム	48,000人	NPB1 - 5MLB	ミルトン	マイヤーズ	川尻	
11.9(木)第6戦	ナゴヤドーム	36,000人	NPB1 - 0MLB	五十嵐	森	バスケス	
11.11(土)第7戦	西武ドーム	27,000人	NPB5 - 13MLB	シロッカ		石井貴	松井1号、ボンズ3号
11.12(日)第8戦	東京ドーム	40,000人	NPB4 - 5MLB	マイヤーズ	佐々木	若田部	ピドロ1号、ボンズ4号

MLB

	氏名	所属	背番号		
監督	ボビー・コックス	アトランタ・ブレーブス	6		
コーチ	シト・ガストン	トロント・ブルージェイズ	41		
	ジョー・ケリガン	ボストン・レッドソックス	16		
	ジョン・ブコビッチ	フィラデルフィア・フィリーズ	18		
ポジション	氏名	所属	背番号	投	打
投手	ライアン・デンプスター	フロリダ・マーリンズ	46	右	右
	ランディ・ジョンソン	アリゾナ・ダイヤモンドバックス	51	左	右
	キース・フォーク	シカゴ・ホワイトソックス	29	右	右
	ダニー・グレーブス	シンシナティ・レッズ	32	右	右
	リバン・ヘルナンデス	サンフランシスコ・ジャイアンツ	61	右	右
	アルビー・ロペス	タンパベイ・デビルレイズ	32	右	右
	ハビアー・バスケス	モントリオール・エクスポズ	23	右	右
	デレク・ロウ	ボストン・レッドソックス	32	右	右
	エリック・ミルトン	ミネソタ・ツインズ	21	左	左
	マイク・マイヤーズ	コロラド・ロッキーズ	28	左	左
	マイク・レムリンジャー	アトランタ・ブレーブス	37	左	左
	佐々木 主浩	シアトル・マリナーズ	22	右	右
	マイク・シロッカ	シカゴ・ホワイトソックス	33	左	左
捕手	サンディー・アロマー	クリーブランド・インディアンス	15	右	右
	ベンジー・モリーナ	アナハイム・エンゼルス	1	右	右
内野手	ロベルト・アロマー	クリーブランド・インディアンス	12	右	両
	カルロス・デルガド	トロント・ブルージェイズ	25	右	左
	トロイ・グロース	アナハイム・エンゼルス	25	右	右
	ジェフ・ケント	サンフランシスコ・ジャイアンツ	21	右	右
	フィル・ネビン	サンディエゴ・パドレス	23	右	右
	オマー・ビスケル	クリーブランド・インディアンス	13	右	両
	マイク・スウィニー	カンザスシティ・ロイヤルズ	29	右	右
	ホセ・ビドロ	モントリオール・エクスポズ	3	右	両
外野手	バリー・ボンズ	サンフランシスコ・ジャイアンツ	25	左	左
	ルイス・ゴンザレス	アリゾナ・ダイヤモンドバックス	20	右	左
	ショーン・グリーン	ロサンゼルス・ドジャース	15	左	左
	ゲイリー・シェフィールド	ロサンゼルス・ドジャース	10	右	右
	ジェイ・ペイトン	ニューヨーク・メッツ	44	右	右

NTTコミュニケーションズ オールスターシリーズ2000 日米野球

主催／日本野球機構　毎日新聞社
後援／スポーツニッポン新聞社
特別協賛／NTTコミュニケーションズ
協賛／am/pmジャパン　HOYA　角川書店　ミニミニ ほか

NPB

	氏名	所属	背番号
監督	長嶋茂雄(第1・2戦)	読売ジャイアンツ	3
	王貞治(第3・4・5・8戦)	福岡ダイエーホークス	89
	星野仙一(第6戦)	中日ドラゴンズ	77
	東尾 修(第7戦)	西武ライオンズ	78

ポジション	氏名	所属	背番号	投	打	MLB初移籍先／メジャーデビュー年
投手	石井 貴	西武ライオンズ	14	右	右	
	五十嵐 亮太	ヤクルトスワローズ	53	右	右	ニューヨーク・メッツ／2010年
	葛西 稔	阪神タイガース	13	右	右	
	小林 雅英	千葉ロッテマリーンズ	30	右	右	クリーブランド・インディアンス／2008年
	黒木 知宏	千葉ロッテマリーンズ	54	右	右	
	川尻 哲郎	阪神タイガース	19	右	右	
	髙橋 尚成	読売ジャイアンツ	36	左	左	ニューヨーク・メッツ／2010年
	佐々岡 真司	広島東洋カープ	18	右	右	
	吉田 修司	福岡ダイエーホークス	49	左	左	
	若田部 健一	福岡ダイエーホークス	14	右	右	
	下柳 剛	日本ハムファイターズ	24	左	左	
	森 慎二	西武ライオンズ	19	右	左	タンパベイ・デビルレイズと2005年に契約
捕手	☆古田 敦也	ヤクルトスワローズ	27	右	右	
	城島 健司	福岡ダイエーホークス	2	右	右	シアトル・マリナーズ／2006年
	野口 寿浩	日本ハムファイターズ	54	右	右	
内野手	☆石井 浩郎	千葉ロッテマリーンズ	3	右	右	
	小笠原 道大	日本ハムファイターズ	2	右	左	
	☆仁志 敏久	読売ジャイアンツ	8	右	右	
	金城 龍彦	横浜ベイスターズ	37	右	両	
	☆中村 紀洋	大阪近鉄バファローズ	3	右	右	ロサンゼルス・ドジャース／2005年
	宮本 慎也	ヤクルトスワローズ	6	右	右	
	小坂 誠	千葉ロッテマリーンズ	1	右	左	
	山﨑 武司	中日ドラゴンズ	22	右	右	
外野手	田口 壮	オリックス・ブルーウェーブ	6	右	右	セントルイス・カージナルス／2002年
	金本 知憲	広島東洋カープ	10	右	左	
	☆松井 秀喜	読売ジャイアンツ	55	右	左	ニューヨーク・ヤンキース／2003年
	☆新庄 剛志	阪神タイガース	5	右	右	ニューヨーク・メッツ／2001年
	髙橋 由伸	読売ジャイアンツ	24	右	左	

☆＝ファン投票による選出選手
※MLB、NPBのメンバーは公式プログラム及び大会直前のマスコミ発表に基づく

開催日	場所	入場者	7戦(NPB3勝・MLB4勝)	勝投手	セーブ	敗投手	本塁打
11.10(日)第1戦	東京ドーム	55,000人	NPB8 - 4MLB	上原		ペニー	今岡1号、ハンター1号、カブレラ1号
11.11(月)第2戦	福岡ドーム	42,000人	NPB8 - 2MLB	川上		バーリー	ボンズ1号、小久保1号、カブレラ2号
11.12(火)第3戦	大阪ドーム	48,000人	NPB8 - 6MLB	井川	小山田	大家	中村1号、ボンズ2号、ハンター2号
11.14(木)第4戦	札幌ドーム	43,000人	NPB5 - 6MLB	ロペス	ガニエ	張誌家	ジアンビー1号、ボンズ3号、中村2号
11.15(金)第5戦	東京ドーム	53,000人	NPB0 - 4MLB	ウルフ		藤井	スパイビー1号
11.16(土)第6戦	東京ドーム	55,000人	NPB7 - 12MLB	バティスタ	ガニエ	岩隈	松井稼1・2号、ウィリアムズ1号
11.17(日)第7戦	東京ドーム	55,000人	NPB2 - 4MLB	コローン	ガニエ	上原	チャベス1号

MLB

	氏名	所属	背番号
監督	アート・ハウ	オークランド・アスレチックス	18
コーチ	サンディ・アロマー・シニア	シカゴ・カブス	2
	ルディ・ハラミーロ	テキサス・レンジャーズ	8

ポジション	氏名	所属	背番号	投	打
投手	バートロ・コローン	モントリオール・エクスポズ	40	右	右
	ブラッド・ペニー	フロリダ・マーリンズ	31	右	右
	ブライアン・ローレンス	サンディエゴ・パドレス	50	右	右
	エリック・ガニエ	ロサンゼルス・ドジャース	38	右	右
	J・C・ロメーロ	ミネソタ・ツインズ	33	左	両
	マイク・フェターズ	アリゾナ・ダイヤモンドバックス	39	右	右
	マーク・バーリー	シカゴ・ホワイトソックス	56	左	左
	ミゲル・バティスタ	アリゾナ・ダイヤモンドバックス	43	右	右
	ランディ・ウルフ	フィラデルフィア・フィリーズ	43	左	左
	ロドリゴ・ロペス	ボルチモア・オリオールズ	13	右	右
	スコット・ショーエンワイス	アナハイム・エンゼルス	60	左	左
	大家友和	モントリオール・エクスポズ	24	右	右
捕手	A・J・ピアジンスキー	ミネソタ・ツインズ	26	右	左
	ポール・ロデューカ	ロサンゼルス・ドジャース	16	右	右
内野手	エリック・チャベス	オークランド・アスレチックス	3	右	左
	エリック・ヒンスキー	トロント・ブルージェイズ	11	右	左
	デビッド・エックスタイン	アナハイム・エンゼルス	22	右	右
	デレク・リー	フロリダ・マーリンズ	25	右	右
	ジェイソン・ジアンビー	ニューヨーク・ヤンキース	25	右	左
	ジミー・ロリンズ	フィラデルフィア・フィリーズ	11	右	両
	ジュニア・スパイビー	アリゾナ・ダイヤモンドバックス	37	右	右
	ロベルト・アロマー	ニューヨーク・メッツ	12	右	両
外野手	イチロー	シアトル・マリナーズ	51	右	左
	バリー・ボンズ	サンフランシスコ・ジャイアンツ	25	左	左
	バーニー・ウィリアムズ	ニューヨーク・ヤンキース	51	右	両
	ジャック・ジョーンズ	ミネソタ・ツインズ	11	左	左
	パット・バレル	フィラデルフィア・フィリーズ	5	右	右
	トリー・ハンター	ミネソタ・ツインズ	48	右	右

オールスターシリーズジャパン02

主催／MLB　MLB選手会　日本野球機構　読売新聞社
後援／報知新聞社
協賛／イオン　伊藤ハム　am/pmジャパン　ほか

NPB

	氏名	所属	背番号			
監督	原　辰徳	読売ジャイアンツ	83			
コーチ	井原　春樹	西武ライオンズ	73			
	篠塚　和典	読売ジャイアンツ	81			
	鹿取　義隆	読売ジャイアンツ	84			
ポジション	氏名	所属	背番号	投	打	MLB初移籍先／メジャーデビュー年
投手	☆上原 浩治	読売ジャイアンツ	19	右	右	ボルチモア・オリオールズ／2009年
	☆井川 慶	阪神タイガース	29	左	左	ニューヨーク・ヤンキース／2007年
	五十嵐 亮太	ヤクルトスワローズ	53	右	右	ニューヨーク・メッツ／2010年
	石井 弘寿	ヤクルトスワローズ	61	左	左	
	岩隈 久志	大阪近鉄バファローズ	48	右	右	シアトル・マリナーズ／2012年
	小山田 保裕	広島東洋カープ	39	右	右	
	川上 憲伸	中日ドラゴンズ	11	右	右	アトランタ・ブレーブス／2009年
	小林 雅英	千葉ロッテマリーンズ	30	右	右	クリーブランド・インディアンス／2008年
	張 誌家	西武ライオンズ	99	右	右	
	藤井 秀悟	ヤクルトスワローズ	18	左	左	
	三井 浩二	西武ライオンズ	29	左	左	
	森 慎二	西武ライオンズ	19	右	左	タンパベイ・デビルレイズと2005年に契約
捕手	☆阿部 慎之助	読売ジャイアンツ	10	右	左	
	清水 将海	千葉ロッテマリーンズ	8	右	右	
	谷繁　元信	中日ドラゴンズ	7	右	右	
内野手	☆中村　紀洋	大阪近鉄バファローズ	5	右	右	ロサンゼルス・ドジャース／2005年
	☆松井　稼頭央	西武ライオンズ	7	右	両	ニューヨーク・メッツ／2004年
	☆今岡　誠	阪神タイガース	7	右	右	
	☆A・カブレラ	西武ライオンズ	42	右	右	
	石井　琢朗	横浜ベイスターズ	5	右	左	
	岩村　明憲	ヤクルトスワローズ	1	右	左	タンパベイ・デビルレイズ／2007年
	小笠原　道大	日本ハムファイターズ	2	右	左	
	小久保　裕紀	福岡ダイエーホークス	9	右	右	
外野手	☆松井　秀喜	読売ジャイアンツ	55	右	左	ニューヨーク・ヤンキース／2003年
	☆福留　孝介	中日ドラゴンズ	1	右	左	シカゴ・カブス／2008年
	☆清水　隆行	読売ジャイアンツ	9	右	左	
	谷　佳知	オリックス・ブルーウェーブ	10	右	右	
	和田　一浩	西武ライオンズ	5	右	右	

☆＝ファン投票による選出選手
※MLB、NPBのメンバーは公式プログラム及び大会直前のマスコミ発表に基づく

開催日	場所	入場者	8戦(NPB3勝・MLB5勝)	勝投手	セーブ	敗投手	本塁打
11.5(金)第1戦	東京ドーム	33,000人	NPB2 - 7MLB	カレーロ		上原	
11.6(土)第2戦	東京ドーム	52,000人	NPB3 - 5MLB	リーツマ	ロドリゲス	石井	クロフォード1号、オルティス1号
11.7(日)第3戦	東京ドーム	38,000人	NPB3 - 7MLB	キング		五十嵐	アルー1号、ウェルズ1号、エストラダ1号、ウィルカーソン 1号
11.9(火)第4戦	福岡ドーム	39,000人	NPB2 - 7MLB	ピービ		新垣	ブラロック1号
11.10(水)第5戦	大阪ドーム	46,000人	NPB3 - 1MLB	岩隈	三瀬	クレメンス	
11.11(木)第6戦	札幌ドーム	35,000人	NPB5 - 1MLB	松坂		レッドマン	佐伯 1号
11.12(金)第7戦	ナゴヤドーム	39,000人	NPB3 - 2MLB	横山		大塚	
11.14(日)第8戦	東京ドーム	41,000人	NPB0 - 5MLB	ピービ		井川	オルティス2号、ウェルズ2号

MLB

	氏名	所属	背番号		
監督	ブルース・ボウチー	サンディエゴ・パドレス	15		
コーチ	パット・コラレス	アトランタ・ブレーブス	39		
	ジム・コルボーン	ロサンゼルス・ドジャース	48		
	ビル・ロビンソン	フロリダ・マーリンズ	28		
ポジション	氏名	所属	背番号	投	打
投手	ロジャー・クレメンス	ヒューストン・アストロズ	22	右	右
	ジェイク・ピービ	サンディエゴ・パドレス	44	右	右
	ジェーソン・マーキス	セントルイス・カージナルス	21	右	左
	ドントレル・ウィリス	フロリダ・マーリンズ	35	左	左
	マーク・レッドマン	オークランド・アスレチックス	18	左	左
	石井 一久	ロサンゼルス・ドジャース	17	左	左
	カイル・ローシュ	ミネソタ・ツインズ	49	右	右
	スコット・シールズ	アナハイム・エンゼルス	62	右	右
	フランシスコ・ロドリゲス	アナハイム・エンゼルス	57	右	右
	レイ・キング	セントルイス・カージナルス	56	左	左
	クリス・リーツマ	アトランタ・ブレーブス	37	右	右
	大塚 晶則	サンディエゴ・パドレス	16	右	右
	スコット・ラインブリンク	サンディエゴ・パドレス	38	右	右
	キコ・カレーロ	セントルイス・カージナルス	40	右	右
捕手	ジョニー・エストラダ	アトランタ・ブレーブス	23	右	両
	ビクトル・マルティネス	クリーブランド・インディアンス	41	右	両
内野手	デービッド・オルティス	ボストン・レッドソックス	34	左	左
	ミゲル・カブレラ	フロリダ・マーリンズ	24	右	右
	マイケル・ヤング	テキサス・レンジャース	10	右	右
	マーカス・ジャイルズ	アトランタ・ブレーブス	22	右	右
	ジャック・ウィルソン	ピッツバーグ・パイレーツ	2	右	右
	ハンク・ブラロック	テキサス・レンジャース	9	右	左
	アレックス・コーラ	ロサンゼルス・ドジャース	13	右	左
外野手	モイゼス・アルー	シカゴ・カブス	18	右	右
	カール・クロフォード	タンパベイ・デビルレイズ	13	左	左
	バーノン・ウェルズ	トロント・ブルージェイズ	10	右	右
	マニー・ラミレス	ボストン・レッドソックス	24	右	右
	ブラッド・ウィルカーソン	モントリオール・エクスポズ	6	左	左

※【出場辞退】アルバート・プホルス(カージナルス)、アルフォンソ・ソリアーノ(レンジャース)、ミゲル・テハダ(オリオールズ)、ラトロイ・ホーキンズ(カブス)の各選手はケガ、病気のため
※MLB、NPBのメンバーは公式プログラム及び大会直前のマスコミ発表に基づく

イオン オールスターシリーズ2004
日米野球

主催／日本野球機構　毎日新聞社　MLB　MLB選手会
後援／スポーツニッポン新聞社
特別協賛(冠)／イオン
協賛／HONDA　am/pmジャパン　日本グッドイヤー　リコー ほか

NPB

	氏名	所属	背番号
監督	王　貞治	福岡ダイエーホークス	89
コーチ	尾花　高夫	福岡ダイエーホークス	87
	新井　宏昌	福岡ダイエーホークス	81

第1戦＝上田和明(巨)　第2戦＝清水雅治(西)　第3戦＝西岡良洋(横)　第4戦＝勝呂壽統(ダ)
第5戦＝福原峰夫(神)　第6戦＝西俊児(日)　第7戦＝山崎立翔(広)　第8戦＝西村徳文(ロ)

ポジション	氏名	所属	背番号	投	打	MLB初移籍先／メジャーデビュー年
投手	☆上原 浩治	読売ジャイアンツ	19	右	右	ボルチモア・オリオールズ／2009年
	☆五十嵐　亮太	ヤクルトスワローズ	53	右	右	ニューヨーク・メッツ／2010年
	松坂 大輔	西武ライオンズ	18	右	右	ボストン・レッドソックス／2007年
	新垣 渚	福岡ダイエーホークス	18	右	右	
	三瀬 幸司	福岡ダイエーホークス	57	左	左	
	横山 道哉	北海道日本ハムファイターズ	15	右	右	
	渡辺 俊介	千葉ロッテマリーンズ	31	右	右	
	◆小林 宏之	千葉ロッテマリーンズ	41	右	右	
	岩隈 久志	大阪近鉄バファローズ	21	右	右	シアトル・マリナーズ／2012年
	山口 和男	オリックス・ブルーウェーブ	18	右	右	
	石井 弘寿	ヤクルトスワローズ	61	左	左	
	井川　慶	阪神タイガース	29	左	左	ニューヨーク・ヤンキース／2007年
	加藤 武治	横浜ベイスターズ	17	右	右	
捕手	☆城島 健司	福岡ダイエーホークス	2	右	右	シアトル・マリナーズ／2006年
	古田 敦也	ヤクルトスワローズ	27	右	右	
	阿部 慎之助	読売ジャイアンツ	10	右	左	
内野手	☆仁志　敏久	読売ジャイアンツ	8	右	右	
	◆中島　裕之	西武ライオンズ	3	右	右	オークランド・アスレチックスと2012年に契約
	小笠原 道大	北海道日本ハムファイターズ	2	右	左	
	◆福浦 和也	千葉ロッテマリーンズ	9	左	左	
	井端 弘和	中日ドラゴンズ	6	右	右	
	◆岩村 明憲	ヤクルトスワローズ	1	右	左	タンパベイ・デビルレイズ／2007年
	◆今岡　誠	阪神タイガース	7	右	右	
外野手	和田　一浩	西武ライオンズ	5	右	右	
	赤星　憲広	阪神タイガース	53	右	左	
	嶋　重宣	広島東洋カープ	55	左	左	
	多村　仁	横浜ベイスターズ	6	右	右	
	◆佐伯　貴弘	横浜ベイスターズ	10	左	左	

☆＝ファン投票選出選手　◆＝補充選手
※【出場辞退】ファン投票選出の福留孝介(中日)、高橋由伸(読売)、SHINJO(北海道日本ハム)、松中信彦(福岡ダイエー)、二岡智宏(読売)、小久保裕紀(読売)、監督推薦の井口資仁(福岡ダイエー)の各選手はケガ、病気のため

開催日	場所	入場者	5戦(NPB0勝・MLB5勝)	勝投手	セーブ	敗投手	本塁打
11.3(金)第1戦	東京ドーム	42,397人	NPB2 - 3MLB	ラッキー	ネイサン	内海	ダイ1号
11.4(土)第2戦	東京ドーム	39,077人	NPB6 - 8MLB	アローヨ	フエンテス	西村	ハワード1・2号、里崎1号、オーバーベイ1号
11.5(日)第3戦	東京ドーム	32,076人	NPB4 - 11MLB	ヘンスリー		小林	青木1号、マウアー1号、A・ジョーンズ1号、ハワード3号、ライト1号
11.7(火)第4戦	京セラドーム大阪	34,054人	NPB2 - 7MLB	マイヤーズ		福盛	ライト2号、ハワード4号
11.8(水)第5戦	ヤフードーム	27,377人	NPB3 - 5MLB	シールズ		小倉	新井1号、村田1号、レイエス1号

MLB

	氏名	所属	背番号		
監督	ブルース・ボウチー	サンディエゴ・パドレス	15		
コーチ	カート・ヤング	オークランド・アスレチックス	41		
	ラモン・ヘンダーソン	フィラデルフィア・フィリーズ	31		
	マニー・アクタ	ニューヨーク・メッツ	3		
ポジション	氏名	所属	背番号	投	打
投手	エリック・ベタード	ボルチモア・オリオールズ	45	左	左
	ブロンソン・アローヨ	シンシナティ・レッズ	61	右	右
	ジョン・ラッキー	ロサンゼルス・エンゼルス・オブ・アナハイム	41	右	右
	クリス・ヤング	サンディエゴ・パドレス	32	右	右
	クリス・カプアーノ	ミルウォーキー・ブリュワーズ	39	左	左
	クレイ・ヘンズリー	サンディエゴ・パドレス	52	右	右
	ジョン・メイン	ニューヨーク・メッツ	33	右	右
	スコット・シールズ	ロサンゼルス・エンゼルス・オブ・アナハイム	62	右	右
	マイク・マイヤーズ	ニューヨーク・ヤンキース	36	左	左
	レイ・キング	コロラド・ロッキーズ	56	左	左
	ジョー・ネイサン	ミネソタ・ツインズ	36	右	右
	ブライアン・フエンテス	コロラド・ロッキーズ	40	左	左
捕手	ジョー・マウアー	ミネソタ・ツインズ	7	右	左
	城島 健司	シアトル・マリナーズ	2	右	右
	ブライアン・シュナイダー	ワシントン・ナショナルズ	23	右	左
内野手	ライアン・ハワード	フィラデルフィア・フィリーズ	6	左	左
	ライル・オーバーベイ	トロント・ブルージェイズ	35	左	左
	チェイス・アトリー	フィラデルフィア・フィリーズ	26	右	左
	井口 資仁	シカゴ・ホワイトソックス	15	右	右
	ホセ・レイエス	ニューヨーク・メッツ	7	右	両
	ラファエル・ファーカル	ロサンゼルス・ドジャース	15	右	両
	デービッド・ライト	ニューヨーク・メッツ	5	右	右
	ショーン・フィギンス	ロサンゼルス・エンゼルス・オブ・アナハイム	9	右	両
	ビル・ホール	ミルウォーキー・ブリュワーズ	2	右	右
外野手	ジャーメイン・ダイ	シカゴ・ホワイトソックス	23	右	右
	ジャック・ジョーンズ	シカゴ・カブス	11	左	左
	アンドリュー・ジョーンズ	アトランタ・ブレーブス	25	右	右

※【出場辞退】ケン・モッカ監督(アスレチックス)退団、テリー・フランコナ監督(レッドソックス)は病気。ブラッド・ペニー(ドジャース)、ヨハン・サンタナ(ツインズ)、フランシスコ・ロドリゲス(エンゼルス)、カルロス・ベルトラン(メッツ)の各選手はケガ、病気のため

※MLB、NPBのメンバーは公式プログラム及び大会直前のマスコミ発表に基づく

イオン日米野球2006
世界最強リーグ決定戦

主催／MLB MLB選手会　日本野球機構　読売新聞社
特別協賛(冠協賛)／イオン
協賛／伊藤ハム　ニコン　日本グッドイヤー ほか

NPB

	氏名	所属	背番号
監督	野村克也	東北楽天ゴールデンイーグルス	19
コーチ	高代延博	中日ドラゴンズ	81
	尾花高夫	読売ジャイアンツ	87
	西　俊児	東北楽天ゴールデンイーグルス	80

ポジション	氏名	所属	背番号	投	打	MLB初移籍先／メジャーデビュー年
投手	☆馬原 孝浩	福岡ソフトバンクホークス	14	右	右	
	涌井 秀章	西武ライオンズ	16	右	右	
	三井 浩二	西武ライオンズ	29	左	左	
	和田 毅	福岡ソフトバンクホークス	21	左	左	ボルチモア・オリオールズと2011年に契約
	小林 宏之	千葉ロッテマリーンズ	41	右	右	
	小倉　恒	東北楽天ゴールデンイーグルス	13	右	右	
	福盛 和男	東北楽天ゴールデンイーグルス	15	右	右	テキサス・レンジャース／2008年
	井川 慶	阪神タイガース	29	左	左	ニューヨーク・ヤンキース／2007年
	久保 裕也	読売ジャイアンツ	11	右	右	
	西村 健太朗	読売ジャイアンツ	23	右	右	
	内海 哲也	読売ジャイアンツ	26	左	左	
	永川 勝浩	広島東洋カープ	20	右	右	
捕手	☆阿部 慎之助	読売ジャイアンツ	10	右	左	
	里崎 智也	千葉ロッテマリーンズ	22	右	右	
	日高 剛	オリックス・バファローズ	27	右	左	
内野手	☆小笠原 道大	北海道日本ハムファイターズ	2	右	左	
	☆藤本 敦士	阪神タイガース	9	右	左	
	福浦 和也	千葉ロッテマリーンズ	9	左	左	
	高須 洋介	東北楽天ゴールデンイーグルス	4	右	右	
	二岡 智宏	読売ジャイアンツ	7	右	右	
	新井 貴浩	広島東洋カープ	25	右	右	
	梵 英心	広島東洋カープ	32	右	右	
	村田 修一	横浜ベイスターズ	25	右	右	
外野手	☆青木 宣親	東京ヤクルトスワローズ	23	右	左	ミルウォーキー・ブリュワーズ／2012年
	大村 直之	福岡ソフトバンクホークス	7	左	左	
	鉄平	東北楽天ゴールデンイーグルス	46	右	左	
	吉村 裕基	横浜ベイスターズ	31	右	右	

☆＝ファン投票による選出選手
※【出場辞退】藤川球児(阪神)、岩村明憲(東京ヤクルト)、松中信彦(福岡ソフトバンク)、松坂大輔(西武)、福留孝介(中日)、斉藤和巳(福岡ソフトバンク)、川崎宗則(福岡ソフトバンク)の各選手はケガ、病気のため
※SHINJO選手(北海道日本ハム)は都合により出場辞退
※ダルビッシュ有、八木智哉(ともに北海道日本ハム)の両選手はアジアシリーズ出場のため
※小笠原道大選手(北海道日本ハム)は第3戦まで出場

開催日	場所	観衆	試合結果	勝投手	セーブ	敗投手	本塁打
3.29(水)	東京ドーム	55,000人	メッツ 3 - 5 カブス	リーバー	アギレラ	ハンプトン	アンドリュース1号(カ)、グレース1号(カ)、ピアザ1号(メ)
3.30(木)	東京ドーム	55,000人	メッツ 5 - 1 カブス	クック		D・ヤング	アグバヤーニ1号(メ)

シカゴ・カブス(ナショナルリーグ 中地区)

	氏名	背番号		
監督	ドン・ベイラー	25		
ポジション	氏名	背番号	投	打
投手	マーク・ガスリー	30	左	右
	ジョン・リーバー	32	右	左
	ダニー・ヤング	35	左	右
	スコット・ダウンズ	37	左	左
	リック・アギレラ	38	右	右
	カイル・ファーンズワース	44	右	右
	トッド・バンポプル	47	右	右
	フェリックス・ヘレディア	49	左	左
	ブライアン・ウイリアムズ	51	右	右
	マット・カーチナー	52	右	右
	アンドリュー・ローレイン	55	左	左
	D・ギャリベイ	76	左	左
	M・ヒースコット	78	右	右
捕手	ジョー・ジラルディ	8	右	右
	ジェフ・リード	16	右	左
	ホゼ・モリーナ	19	右	右
内野手	エリック・ヤング	7	右	右
	ホゼ・ニエベス	11	右	右
	リッキー・グティエレス	12	右	右
	マーク・グレース	17	左	左
	コール・リニアック	18	右	右
	シェーン・アンドリュース	24	右	右
	J・ヒューソン	29	右	左
外野手	デイモン・ビュフォード	9	右	右
	サミー・ソーサ	21	右	右
	アラン・ジンター	27	右	両
	ルーズベルト・ブラウン	28	右	左
	ヘンリー・ロドリゲス	40	左	左
	T・ブロック	64	左	左

am/pmメジャーリーグ開幕戦 2000

主催／MLB MLB選手会 日本野球機構 読売新聞社
特別協賛（冠協賛）／am/pmジャパン
協賛／江崎グリコ 大塚ベバレジ オートウェーブ さくら銀行 ジャパンエナジー 日本生命保険 角川書店 KDD コマツ 本田技研工業
後援／報知新聞社
協力／ユナイテッド航空

ニューヨーク・メッツ（ナショナルリーグ 東地区）

	氏名	背番号		
監督	ボビー・バレンタイン	2		
ポジション	氏名	背番号	投	打
投手	ボビー・M・ジョーンズ	21	左	右
	パット・マホームズ	23	右	右
	ビル・パルシファー	25	左	左
	デニス・クック	27	左	左
	マイク・ハンプトン	32	左	右
	デニス・スプリンガー	34	右	右
	リック・リード	35	右	右
	ジョン・フランコ	45	左	左
	リッチ・ロドリゲス	46	左	左
	グレンドン・ラッシュ	48	左	左
	アーマンド・ベニテス	49	右	右
	E・ケーマック	64	右	右
	ターク・ウェルデン	99	右	右
捕手	トッド・プラット	7	右	右
	マイク・ピアザ	31	右	右
	マイク・キンケイド	33	右	右
内野手	ロビン・ベンチュラ	4	右	左
	トッド・ジール	9	右	右
	レイ・オルドニェス	10	右	右
	エドガルド・アルフォンゾ	13	右	右
	マット・フランコ	15	右	左
	カート・アボット	20	右	右
	ジョー・マクユーイング	47	右	右
外野手	メルビン・モーラ	6	右	右
	デレク・ベル	19	右	右
	ダリル・ハミルトン	18	右	左
	リッキー・ヘンダーソン	24	左	右
	ジョン・ナナリー	26	右	左
	ジェイ・ペイトン	44	右	右
	ベニー・アグバヤーニ	50	右	右

※メンバーは公式プログラム及び大会直前のマスコミ発表に基づく

開催日	場所	観衆	試合結果	勝投手	セーブ	敗投手	本塁打
3.30(火)	東京ドーム	55,000人	ヤンキース3 - 8デビルレイズ	ザンブラーノ		ムシーナ	ジアンビー1号(ヤ)、クルーズ1号(デ)、マルチネス1号(デ)
3.31(水)	東京ドーム	55,000人	ヤンキース12 - 1デビルレイズ	ブラウン		ゴンザレス	クラーク1号(ヤ)、松井1号(ヤ)、ポサダ1・2号(ヤ)

タンパベイ・デビルレイズ(アメリカンリーグ 東地区)

	氏名	背番号		
監督	ルー・ピネラ	14		
ポジション	氏名	背番号	投	打
投手	ポール・アボット	34	右	右
	ダニス・バエス	28	右	右
	デオン・ブラゼルトン	45	右	右
	ランス・カーター	38	右	右
	ジーザス・コローム	49	右	右
	チャド・ゴーディン	50	右	右
	ジェレミー・ゴンザレス	54	右	右
	ジョン・ハラマ	52	左	左
	トラビス・ハーパー	58	右	右
	マーク・ヘンドリクソン	30	左	左
	トレバー・ミラー	51	左	右
	ダミアン・モス	32	左	右
	ダグ・ウェクター	40	右	右
	ビクター・ザンブラーノ	47	右	両
	ロブ・ベル			
	ホルヘ・ソーサ	36	右	両
捕手	ブルック・フォーダイス	26	右	右
	トビー・ホール	44	右	右
	エドワード・グズマン			
内野手	ジェフ・ブラム	11	右	両
	ロバート・フィック	9	右	左
	フリオ・ルーゴ	23	右	右
	ティノ・マルチネス	24	右	左
	エデュアルド・ペレス	33	右	右
	ダミアン・ロールズ	10	右	右
	レイ・サンチェス	1	右	左
	チャールズ・ギブソン			
	オーブリー・ハフ	19	右	左
外野手	ロッコ・バルデリ	5	右	右
	カール・クロフォード	13	左	左
	ホセ・クルーズ	22	右	両
	ジョーイ・ガスライト			

'04リコーMLB開幕戦

主催／MLB MLB選手会　日本野球機構　読売新聞社
後援／日本テレビ放送網　報知新聞社
特別協賛／リコー　伊藤ハム　am/pmジャパン
協賛／味の素　イオン　営団地下鉄　資生堂　小学館　JAL　マスターカード・インタナショナル
　明治安田生命　ほか

ニューヨーク・ヤンキース（アメリカンリーグ 東地区）

	氏名	背番号		
監督	ジョー・トーリ	6		
ポジション	氏名	背番号	投	打
投手	ケビン・ブラウン	27	右	右
	ホセ・コントレラス	52	右	右
	ホルヘ・デ・ポーラ	57	右	右
	トム・ゴードン	36	右	右
	アレックス・グラマン	78	左	左
	フェリックス・ヘレディア	45	左	左
	ジミー・マン		左	左
	サム・マーソネック	64	右	右
	マイク・ムシーナ	35	右	左
	ドノバン・オズボーン			
	スコット・プロクター	65	右	右
	ポール・クァントリル	48	右	左
	マリアーノ・リベラ	42	右	右
	ゲイブ・ホワイト	40	左	左
捕手	ホルヘ・ポサダ	20	右	両
	ジョン・フラハティー	17	右	右
内野手	ホーマー・ブッシュ			
	ミゲル・カイロ	41	右	右
	トニー・クラーク	29	右	両
	フェリックス・エスカローナ			
	ジェイソン・ジアンビー	25	右	左
	デレク・ジーター	2	右	右
	アレックス・ロドリゲス	13	右	右
	エンリケ・ウィルソン	14	右	両
外野手	ダレン・ブラッグ			
	ババ・クロスビー	62	左	左
	ケニー・ロフトン	12	左	左
	松井秀喜	55	右	左
	ゲイリー・シェフィールド	11	右	右
	ルーベン・シエラ	24	右	両

※メンバーは公式プログラム及び大会直前のマスコミ発表に基づく
※空欄は不明部分

開催日	場所	観衆	試合結果	勝投手	セーブ	敗投手	本塁打
3.25(火)	東京ドーム	44,628人	レッドソックス 6－5 アスレチックス	岡島秀樹	パペルボン	ストリート	モス1号(レ)、エリス1号(ア)、ハナハン1号(ア)
3.26(水)	東京ドーム	44,735人	レッドソックス 1－5 アスレチックス	ハーデン		レスター	ラミレス1号(レ)、E.ブラウン1号(ア)

ボストン・レッドソックス(アメリカンリーグ 東地区)

	氏名	背番号		
監督	テリー・フランコナ	47		
ポジション	氏名	背番号	投	打
投手	マニー・デルカーメン	17	右	右
	松坂大輔	18	右	右
	ブライアン・コリー	30	右	右
	ジョン・レスター	31	左	左
	岡島秀樹	37	左	左
	カイル・スナイダー	39	右	両
	ハビエル・ロペス	48	左	左
	ティム・ウェークフィールド	49	右	右
	マイク・ティムリン	50	右	右
	フリアン・タバレス	51	右	左
	デービッド・アーズマ	53	右	右
	ジョナサン・パペルボン	58	右	右
	クレー・バックホルツ	61	右	左
捕手	ジェーソン・バリテック	33	右	両
	ケビン・キャッシュ	36	右	右
	ダスティ・ブラウン	55	右	右
内野手	ジェド・ローリー	12	右	両
	アレックス・コーラ	13	右	左
	ダスティン・ペドロイア	15	右	右
	ケビン・ユーキリス	20	右	右
	ショーン・ケーシー	22	右	左
	フリオ・ルーゴ	23	右	右
	マイク・ローウェル	25	右	右
	デービッド・オルティス	34	左	左
外野手	J・D・ドルー	7	右	左
	ココ・クリスプ	10	右	両
	マニー・ラミレス	24	右	右
	ボビー・キルティー	32	右	両
	ブランドン・モス	44	右	左
	ジャコビー・エルズベリー	46	左	左

'08リコーＭＬＢ開幕戦

主催／MLB MLB選手会 日本野球機構 読売新聞社
後援／報知新聞社
特別協賛（冠協賛）／リコー
特別協賛／伊藤ハム 日本グッドイヤー
協賛／SANKYO MasterCard Worldwide マニュライフ生命保険 ローソン
放送／日本テレビ系 ニッポン放送

オークランド・アスレチックス（アメリカンリーグ 西地区）

	氏名	背番号		
監督	ボブ・ゲレン	17		
ポジション	氏名	背番号	投	打
投手	ヒューストン・ストリート	20	右	右
	デーン・エイブラント	35	左	左
	キース・フォーク	29	右	右
	レニー・ディナルド	25	左	左
	リッチ・ハーデン	40	右	左
	アラン・エンブリー	41	左	左
	サンティアゴ・カスラ	44	右	右
	ダラス・ブレイダン	51	左	左
	ジョー・ブラントン	55	右	右
	フェルナンド・ヘルナンデス	56	右	右
	ジャスティン・デュークシャー	58	右	右
	アンドルー・ブラウン	59	右	右
捕手	ボブ・ボーエン	18	右	両
	カート・スズキ	24	右	右
	ジャスティン・ノドラー	60	右	右
内野手	グレゴリオ・ペティット	2	右	右
	マイク・スウィーニー	5	右	右
	ボビー・クロスビー	7	右	右
	ダリク・バートン	10	右	左
	ダン・ジョンソン	11	右	左
	ドニー・マーフィー	12	右	右
	マーク・エリス	14	右	右
	ジャック・ハナハン	22	右	左
	ブルックス・コンラッド	62	右	両
外野手	トラビス・バック	6	右	左
	エミル・ブラウン	8	右	右
	ライアン・スウィーニー	15	左	左
	クリス・デノーフィア	19	右	右
	ジャック・クスト	32	右	左
	ジェフ・フィオレンティノ	67	右	左

※メンバーは公式プログラム及び大会直前のマスコミ発表に基づく

開催日	場所	観衆	試合結果	勝投手	セーブ	敗投手	本塁打
3.28(水)	東京ドーム	44,227人	マリナーズ 3 - 1 アスレチックス	ウィリヘルムセン	リーグ	ケリガン	アクリー1号(マ)
3.29(木)	東京ドーム	48,391人	マリナーズ 1 - 4 アスレチックス	コローン	バルフォア	ケリー	スモーク1号(マ)、セスペデス1号(ア)、レディック1号(ア)、ゴームズ1号(ア)

シアトル・マリナーズ(アメリカンリーグ 西地区)

	氏名	背番号		
監督	エリク・ウェッジ	22		
ポジション	氏名	背番号	投	打
投手	ブレーク・ビバン	49	右	右
	スティーブ・デラバー	35	右	右
	チャールズ・ファーブッシュ	41	左	左
	フェリックス・ヘルナンデス	34	右	右
	岩隈久志	18	右	右
	ショーン・ケリー	23	右	右
	ブランドン・リーグ	43	右	右
	ルーカス・ルートキー	44	左	左
	ヘクター・ノエシ	45	右	右
	エラスモ・ラミレス	50	右	右
	チャンス・ラフィン	59	右	右
	ジョージ・シェリル	52	左	左
	ジェーソン・バルガス	38	左	左
	トム・ウィリヘルムセン	54	右	右
捕手	ジョン・ジェイソ	27	右	左
	ヘスス・モンテロ	63	右	右
	ミゲル・オリボ	30	右	右
	ギレルモ・キロス	3	右	右
内野手	ダスティン・アクリー	13	右	左
	ショーン・フィギンズ	9	右	両
	川﨑宗則	61	右	左
	アレックス・リディ	16	右	右
	ブレンダン・ライアン	26	右	右
	カイル・シーガー	15	右	左
	ジャスティン・スモーク	17	左	両
外野手	マイク・カープ	20	右	左
	カルロス・ペゲロ	4	左	左
	マイケル・サウンダース	55	右	左
	イチロー	51	右	左
	キャスパー・ウェルズ	33	右	右

2012グループスMLB開幕戦

主催／MLB MLB選手会 読売新聞社 日本野球機構
特別協賛（冠協賛）／グループス
特別協賛／伊藤ハム
協賛／SANKYO 佐藤製薬
公式プレイガイド／ローソンチケット
放送／日本テレビ系

オークランド・アスレチックス（アメリカンリーグ 西地区）

	氏名	背番号		
監督	ボブ・メルビン	6		
ポジション	氏名	背番号	投	打
投手	グラント・バルフォア	50	右	右
	ジェリー・ブレビンス	13	左	左
	アンドルー・ケリガン	38	右	右
	バートロ・コローン	21	右	右
	ライアン・クック	48	右	右
	ファウティノ・デロスサントス	60	右	右
	ブライアン・フエンテス	40	左	左
	グラハム・ゴッドフリー	45	右	右
	ブランドン・マッカーシー	32	右	右
	トミー・ミローン	57	左	左
	ジョーダン・ノルベルト	77	左	左
	タイソン・ロス	66	右	右
	トラビス・シュリクティング	39	右	右
	エバン・スクリブナー	58	右	右
捕手	アンソニー・レッカー	26	右	右
	カート・スズキ	8	右	右
内野手	ブランドン・アレン	14	右	左
	ジョシュ・ドナルドソン	20	右	右
	キラ・カアイフーア	25	右	左
	クリフ・ペニントン	2	右	両
	アダム・ロサレス	7	右	右
	エリク・ソガード	28	右	左
	ウェス・ティモンズ	17	右	右
	ジェマイル・ウィークス	19	右	両
外野手	ヨエニス・セスペデス	52	右	右
	コリン・カウギル	12	左	右
	ココ・クリスプ	4	右	両
	ジョニー・ゴームズ	31	右	右
	ジョシュ・レディック	16	右	左
	セス・スミス	15	左	左

※メンバーは公式プログラム及び大会直前のマスコミ発表に基づく

第1ラウンド A組(韓国/日本/チャイニーズ・タイペイ/中国):2006年(平成18)3月3日(金)〜5日(日) 東京
第2ラウンド 1組(韓国/日本/米国/メキシコ):3月12日(日)〜16日(木) 米国アナハイム ※第1ラウンドA・B各組の上位2チーム
第2ラウンド 2組(ドミニカ/キューバ/ベネズエラ/プエルトリコ)
準決勝(韓国vs日本/ドミニカvsキューバ):3月18日(土) 米国サンディエゴ ※第2ラウンド各組1位・2位の対戦
決勝(日本vsキューバ):3月20日(月) 米国サンディエゴ
※日時は現地時間

優勝国:日本 準優勝国:キューバ

日本代表 試合結果

第1ラウンドA組 第1日・第2試合
2006年3月3日(金) 東京ドーム 開始18:38(3時間4分)
観衆15,869人

○日本18−2中国▲ (8回コールドゲーム)

[日]○上原(1-0)、(S)清水(1) − 里崎
[中]李晨浩、●趙全勝(0-1)、卜涛、徐錚、李帥、李宏瑞、黄権−王偉
▽本塁打
[日]西岡 1号(5回3点 趙全勝)、福留 1号(5回1点 趙全勝)、多村 1号(7回2点 徐錚)
[中]王偉 1号(4回2点 上原)

第1ラウンドA組 第2日・第2試合
2006年3月4日(土) 東京ドーム 開始18:04(3時間10分)
観衆31,047人

○日本14-3チャイニーズ・タイペイ▲ (7回コールドゲーム)

[日]○松坂(1-0)、薮田、小林宏、藤川−里崎、相川
[チ]●許竹見(0-1)、陽耀勲、蔡英峰、許文雄、増菘ウェイ、黄俊中、郭泓志、陽建福−葉君璋、陳峰民
▽本塁打
[日]多村 2号(1回3点 許竹見)

第1ラウンドA組 第3日・第2試合
2006年3月5日(日) 東京ドーム 開始18:08(3時間2分)
観衆40,353人

▲日本2−3韓国○

[韓]金善宇、奉重根、ペ英洙、○具臺晟(1-0)、(S)朴賛浩(2)−趙寅成
[日]渡辺俊、藤田、杉内、●石井弘(0-1)、藤川、大塚−里崎
▽本塁打
[韓]李承ヨプ 3号(8回2点 石井弘)
[日]川﨑 1号(2回1点 金善宇)

第2ラウンド1組 第1日・第1試合 2006年3月12日(日)
開始13:00(3時間9分)〈日本時間13日(月)6:00〉
Angel Stadium 観衆32,896人

▲日本3−4アメリカ○

[日]上原、清水、藤田、薮田、●藤川(0-1)−谷繁、里崎
[米]Peavy、Shields、T.Jones、Fuentes、Nathan、○Lidge(1-0)−Schneider、Barrett
▽本塁打
[日]イチロー 1号(1回1点 Peavy)
[米]C.Jones 2号(2回1点 上原)、Lee 3号(6回2点 清水)

第2ラウンド1組 第3日 2006年3月14日(火)
開始16:00(2時間36分)〈日本時間15日(水)9:00〉
Angel Stadium 観衆16,591人

○日本6−1メキシコ▲

[日]○松坂(2-0)、和田毅、薮田、大塚−里崎
[メ]●Loaiza(1-1)、Reyes、Ortega、Osuna、Ayala − Ojeda
▽本塁打
[日]里崎 1号(4回2点 Loaiza)
[メ]Ojeda 1号(8回1点 薮田)

第2ラウンド1組 第4日 2006年3月15日(水)
開始19:00(2時間44分)〈日本時間16日(木)12:00〉
Angel Stadium 観衆39,679人

▲日本1-2韓国○

[韓]朴賛浩、全炳斗、○金炳賢(1-0)、具臺晟、(S)呉昇桓(1)−趙寅成
[日]渡辺俊、●杉内(0-1)、藤川、大塚−里崎
▽本塁打
[日]西岡 2号(9回1点 具臺晟)

準決勝 第2試合 2006年3月18日(土)
開始19:00(2時間40分・中断45分)〈日本時間19日(日)12:00〉
PETCO Park 観衆42,639人

○日本6-0韓国▲

[日]○上原(2-0)、薮田、大塚−里崎
[韓]徐在応、●全炳斗(0-1)、金炳賢、奉重根、孫敏漢、ペ英洙、呉昇桓 − 趙寅成、陳甲龍
▽本塁打
[日]福留 2号(7回2点 金炳賢)、多村 3号(8回1点 ペ英洙)

決勝 2006年3月20日(月)
開始18:00(3時間40分)〈日本時間21日(火)11:00〉
PETCO Park 観衆42,696人

○日本10-6キューバ▲

[日]○松坂(3-0)、渡辺俊、藤田、(S)大塚(1)−里崎
[キ]●Romero(2-1)、Odelin、N.Gonzalez、Y.Pedroso、Palma、Maya、Y.Gonzalez、Martinez−Pestano
▽本塁打
[キ]Paret 1号(1回1点 松坂)、Cepeda 2号(8回2点 藤田)

2006年 ワールド・ベースボール・クラシック

日本代表 メンバー

	氏名	所属	背番号		
監督	王 貞治	福岡ソフトバンクホークス	89		
コーチ	弘田 澄男		88		
	大島 康徳		87		
	鹿取義隆		86		
	辻 発彦		85		
	武田 一浩		84		
ポジション	氏名	所属	背番号	投	打
投手	清水 直行	千葉ロッテマリーンズ	11	右	右
	藤田 宗一	千葉ロッテマリーンズ	12	左	左
	久保田 智之	阪神タイガース	15	右	右
	松坂 大輔	西武ライオンズ	18	右	右
	上原 浩治	読売ジャイアンツ	19	右	右
	薮田 安彦	千葉ロッテマリーンズ	20	右	右
	和田 毅	福岡ソフトバンクホークス	21	左	左
	藤川 球児	阪神タイガース	24	右	左
	渡辺 俊介	千葉ロッテマリーンズ	31	右	右
	大塚 晶則	テキサス・レンジャース	40	右	右
	小林 宏之	千葉ロッテマリーンズ	41	右	右
	杉内 俊哉	福岡ソフトバンクホークス	47	左	左
	馬原 孝浩	福岡ソフトバンクホークス	61	右	右
捕手	里崎 智也	千葉ロッテマリーンズ	22	右	右
	谷繁 元信	中日ドラゴンズ	27	右	右
	相川 亮二	横浜ベイスターズ	59	右	右
内野手	岩村 明憲	東京ヤクルトスワローズ	1	右	左
	小笠原 道大	北海道日本ハムファイターズ	2	右	左
	松中 信彦	福岡ソフトバンクホークス	3	左	左
	西岡 剛	千葉ロッテマリーンズ	7	右	両
	今江 敏晃	千葉ロッテマリーンズ	8	右	右
	宮本 慎也	東京ヤクルトスワローズ	10	右	右
	新井 貴浩	広島東洋カープ	25	右	右
	川﨑 宗則	福岡ソフトバンクホークス	52	右	左
外野手	和田 一浩	西武ライオンズ	5	右	右
	多村 仁	横浜ベイスターズ	6	右	右
	金城 龍彦	横浜ベイスターズ	9	右	両
	福留 孝介	中日ドラゴンズ	17	右	左
	青木 宣親	東京ヤクルトスワローズ	23	右	左
	イチロー	シアトル・マリナーズ	51	右	左

※2／25黒田博樹投手(右手人差し指打撲のため)に代わり久保田智之投手
※3／10石井弘寿投手(左肩違和感のため)に代わり馬原孝浩投手

第1ラウンド A組(中国/チャイニーズ・タイペイ/日本/韓国):2009年(平成21) 3月5日(木)~9日(月) 東京 ※ダブルエリミネーション方式
第2ラウンド 1組(キューバ/日本/韓国/メキシコ):3月15日(日)~19日(木) 米国サンディエゴ ※ダブルエリミネーション方式
第2ラウンド 2組(ベネズエラ/プエルトリコ/米国/オランダ):3月14日(土)~18日(水) 米国マイアミ ※ダブルエリミネーション方式
準決勝(韓国vsベネズエラ):3月21日(土)/(米国vs日本):3月22日(日) 米国ロサンゼルス
決勝(日本vs韓国):3月23日(月) 米国ロサンゼルス
※日時は現地時間

優勝国:日本 準優勝国:韓国

日本代表 試合結果

第1ラウンドA組 Game1
2009年 3月5日(木) 東京ドーム
開始18:48(2時間55分) 観衆43,428人

○日本4－0中国▲

[中]●李晨浩(0-1)、陳俊毅、孫国強、劉凱－張振旺
[日]○ダルビッシュ(1-0)、涌井、山口、田中、馬原、藤川－城島、阿部
▽本塁打
[日]村田 1号(3回2点 李晨浩)

第1ラウンドA組 Game4
2009年3月7日(土) 東京ドーム
開始19:08(2時間48分) 観衆45,640人

○日本14-2韓国▲(7回コールドゲーム)

[日]○松坂(1-0)、渡辺俊、杉内、岩田－城島
[韓]●金広鉉(0-1)、鄭現旭、張ウォン三、李在雨－朴勍完、姜ミン鎬
▽本塁打
[日]村田 2号(2回3点 金広鉉)、城島 1号(6回2点 李在雨)
[韓]金泰均 1号(1回2点 松坂)

第1ラウンドA組 Game6
2009年3月9日(月) 東京ドーム
開始18:39(3時間2分) 観衆42,879人

▲日本0－1韓国○

[韓]○奉重根(1-0)、鄭現旭、柳賢振、(S)林昌勇(1)－朴勍完
[日]●岩隈(0-1)、杉内、馬原、ダルビッシュ、山口、藤川 －城島

第2ラウンド1組 Game1 2009年3月15日(日)
開始13:11(3時間33分〈日本時間16日(月)5:11〉
PETCO Park 観衆20,179人

○日本6－0キューバ

[日]○松坂(2-0)、岩隈、馬原、藤川－城島
[キ]●Chapman(0-1)、N.Gonzalez、Jimenez、Y.Gonzalez、Maya、Ulacia、Garcia－Pestano、Merino

第2ラウンド1組 Game4 2009年3月17日(火)
開始20:10(3時間21分)〈日本時間18日(水)12:10〉
PETCO Park 観衆15,332人

▲日本1－4韓国○

[日]●ダルビッシュ(1-1)、山口、渡辺俊、涌井、岩田、田中－城島、石原
[韓]○奉重根(2-0)、尹錫ミン、金広鉉、(S)林昌勇(2)－朴勍完

第2ラウンド1組 Game5 3月18日(水)
開始20:09(3時間26分)〈日本時間19日(木)12:09〉
PETCO Park 観衆9,774人

○日本5-0キューバ▲

[日]○岩隈(1-1)、(S)杉内(1)－城島
[キ]●Maya(0-1)、Y.Gonzalez、Jimenez、N.Gonzalez、Garcia、Betancourt － Pestano、Merino

第2ラウンド1組 Game6 2009年3月19日(木)
開始18:10(3時間42分)〈日本時間20日(金)10:10〉
PETCO Park 観衆14,832人

○日本6-2韓国▲

[日]内海、小松、田中、山口、○涌井(1-0)、馬原、藤川－阿部
[韓]張ウォン三、李承浩、李在雨、●呉昇桓(0-1)、金広鉉、林泰勲－姜ミン鎬、朴勍完
▽本塁打
[日]内川 1号(2回1点 張ウォン三)
[韓]李杌浩 3号(7回1点 田中)

準決勝 第2試合 2009年3月22日(日)
開始17:09(3時間15分)〈日本時間23日(月)9:09〉
Dodger Stadium 観衆43,630人

○日本9-4アメリカ▲

[米]●Oswalt(1-1)、Grabow、Howell、Thornton、Hanrahan、Shields－McCann
[日]○松坂(3-0)、杉内、田中、馬原、ダルビッシュ－城島
▽本塁打
[米]Roberts 1号(1回1点 松坂)

決勝 2009年3月23日(月)
開始18:39(4時間)〈日本時間24日(火)10:39〉
Dodger Stadium 観衆54,846人

○日本5-3韓国▲(延長10回)

[日]岩隈、杉内、○ダルビッシュ(2-1)－城島
[韓]奉重根、鄭現旭、柳賢振、●林昌勇(0-1)－朴勍完、姜ミン鎬
▽本塁打
[韓]秋信守 2号(5回1点 岩隈)

2009年 ワールド・ベースボール・クラシック

日本代表 SAMURAI JAPANメンバー

	氏名	所属	背番号
監督	原 辰徳	読売ジャイアンツ	83
コーチ	伊東 勤		72
	山田 久志		71
	与田 剛		92
	高代 延博		63
	篠塚 和典	読売ジャイアンツ	81
	緒方 耕一	読売ジャイアンツ	73

ポジション	氏名	所属	背番号	投	打
投手	ダルビッシュ 有	北海道日本ハムファイターズ	11	右	右
	馬原 孝浩	福岡ソフトバンクホークス	14	右	右
	田中 将大	東北楽天ゴールデンイーグルス	15	右	右
	涌井 秀章	埼玉西武ライオンズ	16	右	右
	松坂 大輔	ボストン・レッドソックス	18	右	右
	岩田 稔	阪神タイガース	19	左	左
	岩隈 久志	東北楽天ゴールデンイーグルス	20	右	右
	藤川 球児	阪神タイガース	22	右	左
	内海 哲也	読売ジャイアンツ	26	左	左
	小松 聖	オリックス・バファローズ	28	右	右
	渡辺 俊介	千葉ロッテマリーンズ	31	右	右
	山口 鉄也	読売ジャイアンツ	39	左	左
	杉内 俊哉	福岡ソフトバンクホークス	47	左	左
捕手	城島 健司	シアトル・マリナーズ	2	右	右
	阿部 慎之助	読売ジャイアンツ	10	右	左
	石原 慶幸	広島東洋カープ	29	右	右
内野手	中島 裕之	埼玉西武ライオンズ	6	右	右
	片岡 易之	埼玉西武ライオンズ	7	右	右
	岩村 明憲	タンパベイ・レイズ	8	右	左
	小笠原 道大	読売ジャイアンツ	9	右	左
	村田 修一	横浜ベイスターズ	25	右	右
	川﨑 宗則	福岡ソフトバンクホークス	52	右	左
	栗原 健太	広島東洋カープ	5	右	右
外野手	福留 孝介	シカゴ・カブス	1	右	左
	青木 宣親	東京ヤクルトスワローズ	23	右	左
	内川 聖一	横浜ベイスターズ	24	右	右
	亀井 義行	読売ジャイアンツ	35	右	左
	稲葉 篤紀	北海道日本ハムファイターズ	41	左	左
	イチロー	シアトル・マリナーズ	51	右	左

※3／20村田修一選手(右太もも裏肉離れのため)に代わり栗原健太選手

予選ラウンド:2012年(平成24)9月19日(火)〜11月19日(日)の間に米国ジュピター、ドイツ・レーゲンスブルク、パナマ・パナマシティ、台湾新北市で開催 ※ダブルエリミネーション方式
第1ラウンド A組(キューバ/日本/中国/ブラジル):2013年(平成25)3月2日(土)〜6日(水) 福岡 ※総当たりリーグ戦
第2ラウンド 1組(キューバ/日本/チャイニーズ・タイペイ/オランダ):3月8日(金)〜12日(火) 東京 ※ダブルエリミネーション方式
第2ラウンド 2組(ドミニカ/プエルトリコ/米国/イタリア):3月12日(火)〜16日(土) 米国マイアミ ※ダブルエリミネーション方式
準決勝(日本vsプエルトリコ):3月17日(日)/(オランダvsドミニカ):3月18日(月) 米国サンフランシスコ
決勝(プエルトリコvsドミニカ):3月19日(火) 米国サンフランシスコ
※日時は現地時間

優勝国:ドミニカ共和国 準優勝国:プエルトリコ 決勝戦:ドミニカ3-0プエルトリコ

日本代表 試合結果

第1ラウンドA組 Game1
2013年 3月2日(土) 開始19:09(3時間20分)
ヤフオクドーム 観衆28,181人

○日本5-3ブラジル▲

[日]田中、杉内、○攝津(1-0)、能見、(S)牧田(1)ー相川、阿部
[ブ]Fernandes、Gouvea、●仲尾次(0-1)、Kondo、Noris－Franca

第1ラウンドA組 Game3
2013年3月3日(日) 開始19:08(2時間57分)
ヤフオクドーム 観衆13,891人

○日本5-2中国▲

[中]●羅夏(0-1)、朱大衛、陳坤、楊海帆、李帥、呂建剛－王偉
[日]○前田(1-0)、内海、涌井、澤村、山口－阿部、炭谷

第1ラウンドA組 Game6
2013年3月6日(水) 開始19:08(3時間39分)
ヤフオクドーム 観衆26,860人

▲日本3-6キューバ○

[日]●大隣(0-1)、田中、澤村、森福、今村－阿部、相川
[キ]○Perez(1-0)、Guevara、Castillo、N.Gonzalez、Iglesias、Nunez、Garcia－Sanchez、Morejon
▽本塁打 [キ]Tomas 1号(3回1点 大隣)、A.Despaigne 1号(8回3点 今村)

第2ラウンド1組 Game2
2013年3月8日(金) 開始19:08(4時間37分)
東京ドーム 観衆43,527人

○日本4-3チャイニーズ・タイペイ▲(延長10回)

[日]能見、攝津、田中、山口、澤村、○牧田(1-0)、(S)杉内(1)－阿部、相川、炭谷
[チ]王建民、藩威倫、郭泓志、王鏡銘、●陳鴻文(0-1)、林イー豪、陽耀勲－林泓育、高志、金岡鋼

第2ラウンド1組 Game4
2013年3月10日(日) 開始19:08(2時間53分)
東京ドーム 観衆37,745人

○日本16-4オランダ▲(7回コールドゲーム)

[日]○前田(2-0)、内海、山口、涌井－阿部
[オ]●Cordemans(1-1)、Stuifbergen、Heijstek、Van Driel、Balentina－Ricardo、Nooij
▽本塁打 [日]鳥谷1号(1回1点 Cordemans)、松田1号(2回2点 Cordemans)、内川1号(2回3点 Cordemans)、稲葉1号(3回1点 Stuifbergen)、糸井1号(4回3点 Stuifbergen)、坂本1号(7回4点 Van Driel)

第2ラウンド1組 Game6
2013年3月12日(火) 開始19:08(3時間30分)
東京ドーム 観衆30,301人

○日本10-6オランダ▲

[オ]●Bergman(0-1)、Isenia、Pawelek、Heijstek、Balentina－Ricardo、De Cuba
[日]○大隣(1-1)、澤村、田中、今村、森福、山口、涌井、牧田－炭谷、相川
▽本塁打
[オ]Simmons 2号(1回1点 大隣)
[日]阿部 1号(2回1点 Bergman) 2号(2回3点 Isenia)

準決勝 第1試合 2013年3月17日(日)
開始18:00(3時間27分)〈日本時間18日(月)10:00〉
AT&T Park 観衆33,683人

▲日本1-3プエルトリコ○

[プ]○M.Santiago(1-1)、De La Torre、Cedeno、Fontanez、Romero、(S)Cabrera(3)－Y.Molina
[日]●前田(2-1)、能見、攝津、杉内、涌井、山口－阿部
▽本塁打[プ]Rios1号(7回2点 能見)

2013年 ワールド・ベースボール・クラシック

日本代表 SAMURAI JAPANメンバー

	氏名	所属	背番号		
監督	山本 浩二		88		
投手総合コーチ	東尾 修		78		
野手総合コーチ	梨田 昌孝		99		
投手コーチ	与田 剛		92		
打撃コーチ	立浪 和義		81		
内野守備・走塁コーチ	高代 延博		63		
外野守備・走塁コーチ	緒方 耕一		73		
戦略コーチ	橋上 秀樹		75		
ポジション	氏名	所属	背番号	投	打
投手	涌井 秀章	埼玉西武ライオンズ	11	右	右
	能見 篤史	阪神タイガース	14	左	左
	澤村 拓一	読売ジャイアンツ	15	右	右
	今村 猛	広島東洋カープ	16	右	右
	田中 将大	東北楽天ゴールデンイーグルス	17	右	右
	杉内 俊哉	読売ジャイアンツ	18	左	左
	前田 健太	広島東洋カープ	20	右	右
	森福 允彦	福岡ソフトバンクホークス	21	左	左
	内海 哲也	読売ジャイアンツ	26	左	左
	大隣 憲司	福岡ソフトバンクホークス	28	左	左
	牧田 和久	埼玉西武ライオンズ	35	右	右
	山口 鉄也	読売ジャイアンツ	47	左	左
	攝津 正	福岡ソフトバンクホークス	50	右	右
捕手	相川 亮二	東京ヤクルトスワローズ	2	右	右
	阿部 慎之助	読売ジャイアンツ	10	右	左
	炭谷 銀仁朗	埼玉西武ライオンズ	27	右	右
内野手	鳥谷 敬	阪神タイガース	1	右	左
	井端 弘和	中日ドラゴンズ	3	右	右
	松田 宣浩	福岡ソフトバンクホークス	5	右	右
	坂本 勇人	読売ジャイアンツ	6	右	右
	松井 稼頭央	東北楽天ゴールデンイーグルス	7	右	両
	稲葉 篤紀	北海道日本ハムファイターズ	41	左	左
	本多 雄一	福岡ソフトバンクホークス	46	右	左
外野手	糸井 嘉男	オリックス・バファローズ	9	右	左
	中田 翔	北海道日本ハムファイターズ	13	右	右
	内川 聖一	福岡ソフトバンクホークス	24	右	右
	長野 久義	読売ジャイアンツ	34	右	右
	角中 勝也	千葉ロッテマリーンズ	61	右	左

おわりに

「野球」が、真の「ベースボール」になる日

野茂英雄が海を渡って日本人史上ふたり目のメジャーリーガーとなった1995年（平成7）以降、日本でもMLBがより身近な存在になってきた。野茂の登板試合はNHK‐BSが中継するようになり、やがてイチロー、松井秀喜ら、日本人野手のメジャーリーガーが登場すると、日本にいながらメジャーの試合を毎日のように堪能できるようになった。それに伴い、MLBに関する情報も、テレビ、新聞、雑誌、インターネットなどを媒体に、おびただしく日本に流入してきた。

その中には選手のプレー、観戦スタイル、球場（ボールパーク）の雰囲気、マスコミのスタンスなど、多かれ少なかれ〝カルチャーショック〟をもって伝えられるものも少なくなかった。素晴らしいプレーには、アメリカのファンは敵味方なく惜しみな

い拍手を送る。また、怠慢なプレーには、「これでもか！」というぐらいに罵声を浴びせブーイングする……。こうした現象は、見る側がベースボールをよくわかっているからこそ、起こるのだと私は思う。そんな観戦スタイルが、最近は日本の各球場でも見られるようになったのは、日本の野球ファンも「見る力」を身につけてきたからではないだろうか。

野球に限らず、その競技のことを深く知れば知るほど、楽しみ方もそれだけ増えることになる。その役割を果たすのが、ジャーナリズムの存在だと思う。

スキージャンプの葛西紀明が、ソチでは7大会連続でオリンピック代表に選ばれた。人間の身体能力の限界に鑑みても信じられないほどの大快挙だ。しかし、日本のスポーツ紙でこれをトップで報じたところはなく、各紙の一面記事は大物タレント逝去だった。確かにそれも大ニュースだが、スポーツ紙なら葛西選手の偉大さをもっと伝えてほしかったというのが個人的な感想だ。2010年（平成22）のバンクーバーオリンピックへの出場を果たしたとき、マスコミの扱いはさらに小さかったように記憶している。6大会連続という破格の出来事にもかかわらず、である。そしてソチオリンピックでメダルを獲得したとたん、「レジェンド」といって取り上げられるようになる。

これでは〝スポーツジャーナリズム〟というより〝スポーツ芸能〟の類だとしか思えないような感じがしてならない。

何も、われわれがもっと儲けたかったという話ではない。ただ、マスコミが偉業をきちんと伝えることによって、広告会社に限らず、そのことにかかわる人たちが、もっとアイディアを膨らませて、ビジネスチャンスを広げることができたのではないか。そう思うともったいない気持ちでいっぱいである。そして、そうやって価値を上げていければ、選手、所属先、協会、マスコミ、ファン、スポンサー、広告会社、誰もがwin-winとなっていたのではないだろうか。「メダルを獲得したので、いまから仕掛けます」では遅いのだ。

私は1996年（平成8）以降、日本国内で開催された、日米野球、日本におけるMLB開幕戦、WBCなどを通じ、MLBサイドとは幾度となくかかわってきたが、〝メジャー流〟のビジネスチャンスの広げ方はお見事というしかない。ファンもベースボールを熟知し、楽しみ方を知っているという土壌があることも、さまざまなビジネスが展開できる大きな要素なのではないか。

そういう意味で、日本での「野球」が真の「ベースボール」になる日はもう近いだろうと思うし、信じてもいる。

じつはその原風景は、ドジャーブルーのユニフォームを身にまとった〝トルネード〟が、東京ドームを席巻した96年の日米野球にあったのだ。

日本は2020年(平成32)に、東京オリンピック・パラリンピックを控えている。それまでに各競技がその競技のコンテンツ価値を上げていけば、ビジネスチャンスもさらに広がるだけでなく、選手の競技力向上はもちろんのこと、環境改善、さらには「元気なニッポン」の礎《いしずえ》となり、日本全体が大いに盛り上がることは必至だ。

だからこそスポーツを文化として定着させ、今後ますます拡大していくことが予想されるスポーツビジネスの分野を充実させ、そしてスポーツをみんなが心から楽しめる、ひとつの「エンターテインメント」に育てていくことが重要になるだろう。

本書がその一助になれば幸いである。

2014年5月

平方　彰

SAMURAI《サムライ》 JAPAN《ジャパン》の名付け親が明かす、
もうひとつの〝夢舞台〟
「野球」が「ベースボール」になった日

２０１４年５月23日　初版第１刷発行

著者　平方彰

発行人　西山哲太郎
発行所　株式会社日之出出版
〒１０４－８５０８　東京都中央区八丁堀４－６－５
電話０３－５５４３－２２２０（販売）
０３－５５４３－１６６１（編集）
振替００１９０－９－４９０７５
http://www.hinode.co.jp

デザイン　藤本孝明、岡本一平（如月舎）
印刷・製本　図書印刷株式会社
定価はカバーに表示しています。

ISBN978-4-89198-143-3 C0034